成本会计核算与实务演练

白羽 编著

化学工业出版社

·北京·

内容简介

本书以工业成本核算为主，涉及成本会计的工作流程和工作范围，阅读本书可使读者对成本核算有一个较全面的认知。全书重点介绍了成本核算中的三大重要模块：料、工、费的归集和分配；完工和未完工产品的核算；成本核算中的三种方法。本书最后一章针对性地演示了一套完整的成本核算案例。本书力求贴近实际工作，对成本统计直至最终的成本报表的编写与分析均进行了详细介绍，参考性强，适合于相关专业师生作为参考书使用，也适合财务人员在日常工作中阅读参考。

图书在版编目（CIP）数据

成本会计核算与实务演练 / 白羽编著 . -- 北京：
化学工业出版社，2025.5. --（会计零基础快速入门）.
ISBN 978-7-122-47572-5

Ⅰ. F234.2

中国国家版本馆 CIP 数据核字第 2025BM2711 号

责任编辑：张林爽　　　　　　　文字编辑：张春娥
责任校对：边　涛　　　　　　　装帧设计：孙　沁

出版发行：化学工业出版社
　　　　　（北京市东城区青年湖南街 13 号　邮政编码 100011）
印　　装：大厂回族自治县聚鑫印刷有限责任公司
710mm×1000mm　1/16　印张 12½　字数 207 千字
2025 年 10 月北京第 1 版第 1 次印刷

购书咨询：010-64518888　　　　售后服务：010-64518899
网　　址：http://www.cip.com.cn
凡购买本书，如有缺损质量问题，本社销售中心负责调换。

定　　价：68.00 元　　　　　　　版权所有　违者必究

前言

对于很多会计人员来说，成本核算是个"坎"，即使对相关的理论知识有了十足的把握，也不敢贸然应聘或调至成本核算岗位，而实际上的成本核算并不像大家想得那么"难"。

本书以工业成本核算为主，为大家介绍了成本会计的工作流程和工作范围；成本中的三大"金刚"——料、工、费的归集和分配；完工和未完工产品的核算；以及成本核算中的三种方法。同时还介绍了其他行业的成本核算以及成本报表的编写与分析等。

本书立足于理论知识介绍，将成本核算知识通过图表的形式展现，把工作实务融入其中，其中的"案例××""答会计问"模块即选出平时成本核算工作中遇到的疑难问题进行讨论。在"成本现场"模块中，通过分享成本核算工作中的真实场景，让读者能身临其境。

由于编者水平有限，再加上编写时间仓促，书中难免有疏漏和不妥之处，恳请广大读者朋友批评指正。

编者

目录

附录　企业产品成本核算制度 //181

参考文献 //191

第 1 章
成本核算如何下手

"没做过成本核算怎么应聘成本岗位？"

"我是公司的出纳，我们成本会计辞职了，现在需要招个成本会计，平时我也看过她工作，但我不知自己是否可以胜任，也不敢贸然提出申请。"

我在很多会计群里看到过类似这样的交流，包括没做过、不敢做、怕拒绝、担心不能胜任等，那么你是否有这种顾虑呢？

其实有这些顾虑也是正常的，因为实践和理论是有区别的，但只要理论过关，为何不大胆尝试，付诸行动呢。即使没有基础，也不用担心，我们可以"依葫芦画瓢"。那么"葫芦"在哪？以下将进行介绍。

到一个公司做成本会计，第一步应该怎么做？如果是成本的流程已经完善的"老"企业，而且有"老"会计进行工作交接，那么，你只需要认真"接"就可以了，如果"老"会计还会带你工作一段时间，那么遇到不懂的就要多问。而如果是到一个新的公司工作，成本核算从零开始的情况下，那么你需要根据企业实际情况，再结合理论知识去开展工作，这需要一点"功力"。

1.1　成本为何物？

成本就是为了达成某一意愿而付出的努力。

上班族每月的工资、兼职的酬劳算是收入，而我们为此付出的劳动（不管是体力劳动还是脑力劳动）、付出的时间以及工作时间 8 小时外学习更多的技能等，这些都是成本。

学生暂时没有收入，为获取知识所付出的学费就是一直累计的成本，待以后毕业回报社会，有了收入（工资）之后，这些成本是需要慢慢结转至损益类科目的。

不要以为成本很神秘，比如我们日常去的菜市场，如果你跟摊主砍价，想便宜一点，他们有时会说："都是老顾客了，我只收你本钱而已。"还有商家做活动，经常会有：亏本大甩卖、不计成本回馈客户……这里的"本"指的就是成本。

而企业的成本是需要成本会计来核算的，这也是本书所要介绍的主要内容。

1.2　仓管员是成本会计吗？

我们先来看一下某公司财务部的岗位设置，如图 1-1 所示。

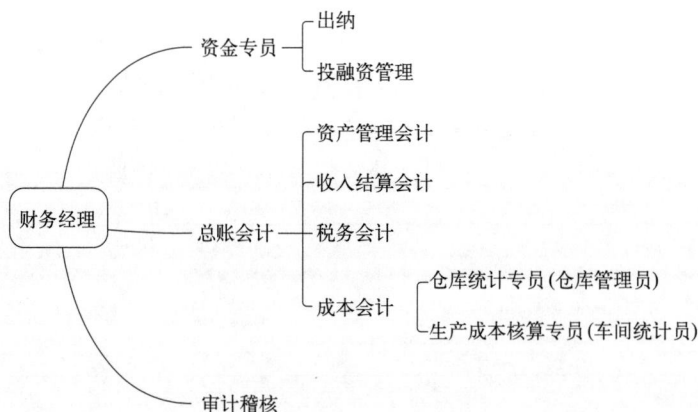

图 1-1　某公司财务部岗位设置

从图1-1中可以看出，成本会计岗位包括仓管员和车间统计员，也就是为成本核算提供原始数据的人员。有些企业的仓库比较多，有好几个仓管员，数据收集起来不容易，所以会设置一个"材料会计"的岗位，专门收集各仓库的数据（也就是成本中的"料"）汇总给成本会计。车间较多的企业也会设置"总统计"这一岗位，以收集统计各车间相关成本数据。

那么仓管员的工作职责是什么，工作内容有哪些呢？

仓管员，也叫库管员，都是仓库管理员的简称，即是对仓库物品的管理，其岗位职责包括：按规定做好物资设备进出库的验收、记账和发放工作，做到账账相符。这些内容就是与会计核算相关的工作。其职责还包括：随时掌握库存状态，保证物资设备及时供应，有效提高周转效率；定期对库房进行清理，保持库房的整齐美观，使物资设备分类排列等。

【案例1.1】仓库管理员的岗位职责

仓库管理员岗位职责

1. 严格执行入库手续，入库验收要检查材料的质量和数量，对不合格产品坚决不收或予以退货；材料入库时，仓库管理员要核实数量、规格、种类是否与送货单、材料计划单一致。

2. 入库材料应分类堆放整齐，杜绝不安全因素。

3. 材料入库后应制作标识卡清楚标注，账实相符后应及时入账，准确登记。

4. 领用材料部门应开具领料通知单，仓库管理员应按审核无误的领料通知单和先进先出的原则发放材料，手续不齐全的不予发放。

5. 领用材料发货后应及时登记台账。

6. 做好日常盘点和月末盘点工作，以配合会计人员抽盘、监盘工作。

7. 仓库管理员应坚持日清月结，凭单记账，做到账实相符。

8. 随时了解仓库库存情况，有无储备不足或超储积压、呆滞等现象，并及时上报。

9. 做好防火、防盗、防爆工作并保持库内及库外整洁、整齐；定期检查存货，防止存货不能使用。

10. 仓库管理员入库时要填写《入库单》，出库或发料时要填写《出库单》

或《领料单》，及时登记《原材料明细账》《库存商品明细账》（仓库版）或《进销存表》。要妥善保管好原始凭证、账本以及各类文件。

在这份岗位职责中，我们会看到与会计相关的几个凭证——《入库单》《领料单》《出库单》，如图 1-2～图 1-4 所示。《原材料明细账》（图 1-5）、《库存商品明细账》（图 1-6）虽然与会计用的账本一样，但不能替代会计中的明细账本（注：仓库、财务各登记一份），不过现在的电脑记账，一般是采用 Excel 编制《进销存表》（如表 1-1 所示），不管是手工记账还是电脑记账，最后仓库的"账"不仅要与实（盘点）相符，而且要与会计的"账"相符。

原材料入库单

供应商：　　　　　　　　　　　　　　　　　　　　　　　　　　日期：

品名	规格	单位	数量	单价（不含税）	金额（不含税）	备注
合计						

第二联　财务联

主管：　　　　　　财务：　　　　　　仓管：　　　　　　采购：

图 1-2　入库单

原材料领用单

领用部门：　　　　　　　　　　　　　　　　　　　　　　　　　日期：

品名	规格	单位	数量	单价（不含税）	金额（不含税）	备注
合计						

第二联　财务联

主管：　　　　　　财务：　　　　　　仓管：　　　　　　领料人：

图 1-3　领料单

出库单

客户：   日期：

品名	规格	单位	数量	单价（不含税）	金额（不含税）	备注	
							第二联
							财务联
合计							

主管：   财务：   仓管：   销售员：

图 1-4 出库单

原 材 料 明 细 账

存储地点：   名称：   规格：   单位：

年		凭证		摘　　要	借　　方			贷　　方			借或贷	余　　额		
月	日	字	号		数量	单价	十亿千百十万千百十元角分	数量	单价	十亿千百十万千百十元角分		数量	单价	十亿千百十万千百十元角分

图 1-5 原材料明细账

库 存 商 品 明 细 账

存储地点：   名称：   规格：   单位：

年		凭证		摘　　要	借　　方			贷　　方			借或贷	余　　额		
月	日	字	号		数量	单价	十亿千百十万千百十元角分	数量	单价	十亿千百十万千百十元角分		数量	单价	十亿千百十万千百十元角分

图 1-6 库存商品明细账

表 1-1 进销存表

年　　月

类别	物料编号	产品名称	品名规格	单位	月初余额			本期进料			本期发出			月末结存			备注
					数（重）量	单价	金额	数（重）量	单价	金额	数（重）量	单价	金额	数（重）量	单价	金额	
合计金额																	

类别	物料编号	产品名称	品名规格	单位	月初余额			本期进料			本期发出			月末结存			备注
					数（重）量	单价	金额	数（重）量	单价	金额	数（重）量	单价	金额	数（重）量	单价	金额	

合计金额

审核：　　　　　　　　　　　　　　　　　　　　　　　　制表：

以上所示这些涉及的只是仓管员的部分表格，比如一些企业还需要对库存损耗之类的进行统计分析，所以有些表格还得根据企业需要进行编制。

1.3 车间统计要统计些什么？

如果是商贸企业，只需要仓管员就可以为成本核算提供原始数据，但是对于制造业来说，则需要车间统计。那么，具体需要统计车间的哪些数据呢？

刚才我们讲的仓管员，提供给会计的原始数据即是成本中的"料"，而仓管员提供的这个"料"只是仓库入库、出库及结存的数据，相比之下，车间统计提供给会计的原始数据中的"料"就要复杂得多，如：哪种材料用于生产哪种产品、领了多少、用了多少、按什么比例分配等。除此之外，车间统计还要统计成本中的"工"，即生产工人的工资，计件的或计时的；最后还得统计成本中的"费"，如电费、机器折旧费等。

当然，以上介绍的车间统计的工作只是与会计有交集的部分，车间统计员的工作还包括生产计划等。

【案例1.2】统计员的岗位职责

车间统计员岗位职责

目的：明确车间统计员的工作任务、工作职责，做好车间统计工作。

范围：本标准适用于对公司车间统计员的考核管理。

内容：

一、工作任务

1.做好本车间成本和费用的核算，及时向生产技术部和财务部汇报。

2.按期编制经营指标报告，及时提供核算资料，按要求做好各种报表，做到真实、正确、可靠并按时汇总报告。

3.根据生产技术部生产指令及时安排至仓库领料，且核对领料数量，根据仓管员提供的领料单（车间联）登记入账。

4.建立车间内部领料制度，做到物料发放手续齐全，车间领料人需在发放登记簿中签字，为成本核算建立好原始记录。

5.每日/周汇总车间生产情况并及时填写生产日/周报，上报生产技术部。

6.每月末结账后及时与仓管员核对领料金额、库存净料及成品、半成品（在制品），准确填制材料消耗表、月成本明细表、累计成本明细报表、累计总成本报表、半成品入库单、完工情况表、库存半成品数量表，报财务部及生产技术部。

7.将本月考勤、计件计时情况如实上报人力资源部。

8.在日常工作中要有重点地参与生产的全过程，准确了解材料的消耗及工人的工时情况，并清楚记录，为公司成本核算建立原始资料，同时在月末成本分析中有根据地将成本的变化情况分析清楚。

9.保管好车间的成本资料，包括传票、成本计算表、其他各种报表及账本等。

10.做好领导安排的各项工作。

二、工作职责

1.可按照《会计学》《统计学》和公司相关规定对车间工作提出合理建议，并指导车间生产。

2.可拒绝违反公司相关规定的操作。

3.对成本核算中统计的数据出现错误负责。

4.对账物不符、出现差错的情况负责。

5.对不服从工作安排、违反公司相关规定造成的不良后果负责。

车间统计需要使用或提供给会计、人力资源部的表格包括 BOM 表、原材料使用情况表、员工计件数量统计表（或车间工时统计表）、完工情况统计表，如表 1-2～表 1-5 所示。

物料清单（bill of material，BOM），是详细记录一个项目所用到的所有下阶材料及相关属性，亦即，母件与所有子件的从属关系、单位用量及其他属性。在有些系统中也称为材料表或配料表。

表1-2　BOM 表

生产 BOM 表						版本			日期	
名称		产品编号			产品料号			客户料号		
制表部门		使用部门		制表			校对		审核	
类别	序号	物料名称		规格及说明		用量		零件位置		备注
组成 1	1									
	2									
	3									
	……									
组成 2	9									
	10									
	……									
组成 3	33									
	34									
	35									
	36									
	……									
组成 4	46									
	……									
组成 5	52									
	……									
组装	57									
	58									
	……									
线材	62									
	63									
	64									
	……									
包装	75									
	76									
	77									
	78									
	……									

表 1-3　原材料使用情况表

原材料内容 产品内容		A 材料					B 材料					……					金额合计
名称	规格	规格	单位	数量	单价	金额	规格	单位	数量	单价	金额	规格	单位	数量	单价	金额	
a 产品																	
b 产品																	
c 产品																	
d 产品																	
……																	
合计																	

表 1-4　员工计件数量统计表

操作者：_____

日期	工作内容	型号	颜色	合格数量	单价	调动补工时	时价	金额	签名

日期	工作内容	型号	颜色	合格数量	单价	调动补工时	时价	金额	签名

组长签名：　　　　　　　　　　主管签名：

表1-5　车间产品完工情况统计表

产品名称	规格型号	计量单位	计划数量	已完工数量	完工率	废品数量	未完工数量	备注

1.4　成本会计要怎么做？

有了仓管员和车间统计员的配合，成本会计工作会变得更为简单些。只不过成本会计工作比仓管员和车间统计员的工作更为专业，需要用专业的术语、专业的计算方法对企业的成本进行核算及分析。

先来看一下某企业成本会计的岗位职责。

【案例1.3】成本会计岗位职责

成本会计岗位职责

1.审核公司各项成本的支出，进行成本核算、费用管理、成本分析，并定期编制成本分析报表。

2.每月末进行费用分配，及时与生产、销售部门核对在产品、产成品并编制差异原因上报。

3.进行有关成本管理工作，主要做好成本的核算和控制。负责成本的汇总、决算工作。

4.协助各部门进行成本经济核算，并分解下达成本、费用、计划指标。收集有关信息和数据，进行相关盈亏预测工作。

5.评估成本方案，及时改进成本核算方法。

6.保管好成本及其计算资料并按月装订，定期归档。

7.完成上级委派的其他任务。

成本会计在工作中编制的主要表格是"成本核算表"或"成本分配表"，如表1-6、表1-7所示。

表1-6　生产成本分配表（1）

××公司20××年××月生产成本分配表

部门车间	项目	材料	人工	制造费用	合计
	当月投入				
	月初在制品结余				
	当月完工结转				
	月末在制品余额				
	当月投入				
	月初在制品结余				
	当月完工结转				
	月末在制品余额				
	当月投入				
	月初在制品结余				
	当月完工结转				
	月末在制品余额				
合计	当月投入				
	月初在制品结余				
	当月完工结转				
	月末在制品余额				

上述的成本相关表单，它们都有哪些关联部门？提供什么样的表单、报表？发生形式有哪些？原始单据有哪些？制单部门、确认流程、单据发出部门、相关签章人员等应该如何规范？各单据的用途有哪些？这些都可以通过表1-8来了解。

表 1-7　生产成本分配表（2）

20××年××月生产成本分配表

（产成品项目）

缴库单号	制令单号	成品代码	成品名称	部门	数量	月初余额					本月发生额					合计			
						工时	材料	人工	制造费用	合计	工时	材料	人工	制造费用	合计	材料	人工	制造费用	合计

表 1-8　公司成本涉及部门表单、单据规范及用途

关联部门	提供表单/报表	发生形式	原始单据（附后）	制单部门	确认流程	单据发出部门	相关签章人员	四联单据留存部门 白色联	红色联	蓝色联	黄色联	单据交财务核算时限	资料用途
材料仓	采购材料入库报表	采购入库	采购单/进货单	仓储物流部	仓库收货确认	仓库	采购&仓库	仓库	财务	采购留存	存根	采购确认三日内	确认材料
		采购入库	采购单/进货单	仓储物流部	仓库收货确认	仓库	采购&仓库	仓库	财务	采购留存	存根	采购确认三日内	出入库数量及采购价格
		采购入库	采购单/进货单	仓储物流部	仓库收货确认	仓库	采购&仓库	仓库	财务	采购留存	存根	采购确认三日内	
	车间材料领料报表	生产领用	出库单	仓储物流部	生产签字确认	仓库	生产&仓库	仓库	财务	生产留存	存根	领用确认三日内	按工单发料，核算
		生产领用	出库单	仓储物流部	生产签字确认	仓库	生产&仓库	仓库	财务	生产留存	存根	领用确认三日内	产品直接材料
	各部门零单领料	门店领用	要货发货单	仓储物流部	门店收货确认	仓库	门店&仓库	仓库	财务	门店留存	存根	领用确认三日内	
		门店领用	要货发货单	仓储物流部	门店收货确认	仓库	门店&仓库	仓库	财务	门店留存	存根	领用确认三日内	按部门领料记费用
		部门领用、销售随单发货	出库单	仓储物流部	仓库取单发货确认	仓库	市场&仓库	仓库	财务	市场留存	存根	销售发货确认三日内	
		部门门退回、销售随单退回	入库单	仓储物流部	仓库收货确认	仓库	退货经办人&仓库	仓库	财务	市场留存	存根	收货确认三日内	
产品仓	产品入库、库存报表	××公司发货入库	进货单	仓储物流部	仓库收货确认	仓库	仓库	仓库	财务	备用	存根	入库确认三日内	
		完工入库	入库单	仓储物流部	生产签字确认	仓库	生产&仓库	仓库	财务	生产留存	存根	入库确认三日内	核对入库数量
		完工入库待发门店	入库单	仓储物流部	生产签字确认	仓库	生产&仓库	仓库	财务	生产留存	存根	入库确认三日内	

续表

关联部门	提供表单/报表	发生形式	原始单据（附后）	制单部门	确认流程	单据发出部门	相关签字人员	白色联	红色联	蓝色联	黄色联	单据交财务核算时限	资料用途
产品仓		门店要货	要货发货单	仓储物流部	门店收货确认	仓库	门店&仓库	仓库	财务	门店留存	存根	门店确认三日内	
		门店要货	要货发货单	仓储物流部	门店收货确认	仓库	门店&仓库	仓库	财务	门店留存	存根	门店确认三日内	
		销售发货	销货单	仓储物流部	仓库取单发货确认	仓库	市场&仓库	仓库	财务	市场留存	存根	销售发货确认三日内	确认销售收入、结转销售成本
		发××公司（视同销售）	销货单	市场部	仓库取单发货确认	仓库	市场&仓库	仓库	财务	××公司留存	存根	××公司收货确认三日内	
	发往各门店、渠道报表	发校园店	出库单	仓储物流部	门店收货确认	仓库	门店&仓库	仓库	财务	门店留存	存根	门店确认三日内	
		门店退货	要货退回单	门店	仓库取单收货确认	仓库	退货门店&仓库	仓库	财务	门店留存	存根	门店确认三日内	
		门店退货	要货退回单	门店	仓库取单收货确认	仓库	退货门店&仓库	仓库	财务	门店留存	存根	门店确认三日内	
		销售退货	销退单	市场部	仓库取单收货确认	仓库	退货经办人&仓库	仓库	财务	市场留存	存根	收货确认三日内	
		××公司退货	销退单	市场部	仓库取单收货确认	仓库	退货经办人&仓库	仓库	财务	××公司留存	存根	收货确认三日内	
		校园店退货	入库单-校园店退货	仓储物流部	仓库签字确认	仓库	退货门店&仓库	仓库	财务	门店留存	存根	收货确认三日内	
	其他出库报表	生产领用再加工	出库单	仓储物流部	生产签字确认	仓库	生产&仓库	仓库	财务	生产留存	存根	领用确认三日内	
		公司客情领用	出库单	仓储物流部	公司客情申请审批单据	仓库	经办人&仓库	仓库	财务	经办人留存	存根	发出三日内附客情审批单	计入费用性支出

关联部门	提供表单/报表	发生形式	原始单据（附后）	制单部门	确认流程	单据发出部门	相关签章人员	四联单据留存部门				单据交财务核算时限	资料用途
								白色联 仓库	红色联 财务	蓝色联 品保留存	黄色联 存根		
品研部	报废表	原料/产品到期报废	报废单	仓储物流部	品保部验质确认	仓库	品保&仓库	仓库	财务	品保留存	存根	品保报废确认三日内	费用处理
	配方表、产品BOM表	新品研发	配方表	品研部	生产部确认	品研	品研&生产&零售&渠道					新品研发当日	建立产品体系
综合管理部	工资表、水电费、电话费		工资表、水电费单、话费单	综合部	综合部签字确认	综合部	综合部&经理					每月10日前	直接人工数据来源、费用预提
生产加工部	车间领料月报表、工时效率表	领料单、生产工时	领料单、生产工时单	生产加工部	生产签字确认	生产加工部	部门经理签字					次月3日内	核实仓库发往车间用料
	生产日报表		入库单	生产加工部	生产签字确认	生产加工部	部门经理签字					次日	产值、产量分析

注：1. 单据使用时必须严格按照本表格点选相应单据种类，尽量避免使用"备注"栏。

2. 每月最后一日必须完成当月所有单据录入并盘点确认各库存，相关打印单据次月2日之前需完成上月所有单据传递。

想要做好成本核算，还需要了解成本核算的要求、程序及其对象。

成本核算的要求有五点：首先要做好各项基础工作，然后要划分好各种费用支出的界限，选择适合企业的成本计算方法，编制成本报表，而且在成本核算中要遵循一致性原则，具体如表 1-9 所示。

表 1-9　成本核算的要求

成本核算的五点要求	具体内容
做好各项基础工作	岗位设置、核算流程、人员配置等基础性工作
正确划分各种费用支出的界限	①收益性支出和资本性支出； ②成本费用、期间费用和营业外支出； ③本期费用与以后期间费用； ④各种产品成本费用； ⑤本期完工产品与期末在产品成本
根据生产特点和管理要求选择适当的成本计算方法	产品成本的计算，关键是选择适当的产品成本计算方法。企业常用的产品成本计算方法有：品种法、分批法、分步法、分类法、定额法、标准成本法等
遵循一致性原则	在成本核算中，各种处理方法要前后一致，使前后各项的成本资料相互可比
编制产品成本报表	企业一般应当按月编制产品成本报表，全面反映企业生产成本、成本计划执行情况、产品成本及其变动情况等

成本核算的一般程序，是指对企业在生产经营过程中发生的各项生产费用和期间费用，按照成本核算的要求，逐步进行归集和分配，最后计算出各种产品的生产成本和各项期间费用的过程。具体如图 1-7 和图 1-8 所示。

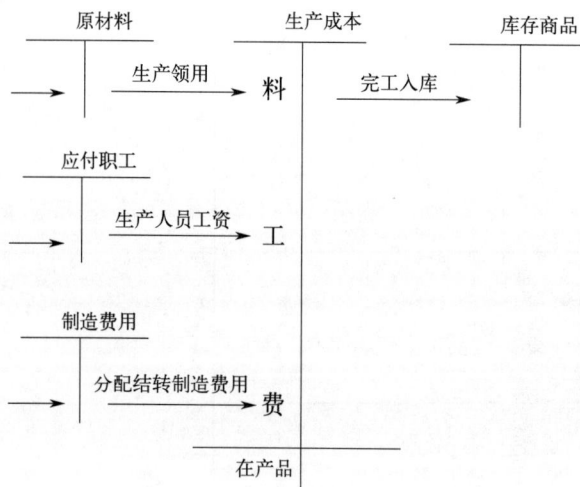

图 1-7　成本核算的一般程序（1）

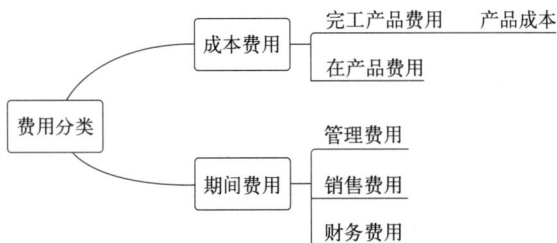

图 1-8　成本核算的一般程序（2）

制造企业生产成本的核算对象是所生产的产品，对于大量大批单步骤生产的产品和小批单件生产的产品以及多步骤连续加工的产品的核算对象也是有区别的。一般来说，大量大批单步骤生产产品或管理上不要求提供有关生产步骤成本信息的，以产品品种为成本核算对象；小批单件生产产品的，以每批或每件产品为成本核算对象；多步骤连续加工产品且管理上要求提供有关生产步骤成本信息的，以每种产品及各生产步骤为成本核算对象；产品规格繁多的，可将产品结构、耗用原材料和工艺过程基本相同的各种产品，适当合并作为成本核算对象。

1.5　成本会计里的"语言"——成本科目

成本会计要用专业的术语、专业的计算方法对企业的成本进行核算及分析，这里的"术语"也就是成本会计里的语言。

会计的"语言"有哪些？首先就是会计科目。在这里，以制造业成本核算为主来介绍成本会计涉及的科目。制造业的成本是按照"购入材料—生产产品—完工入库—销售产品"这四个程序核算的，所以它的核算主要涉及的科目有：

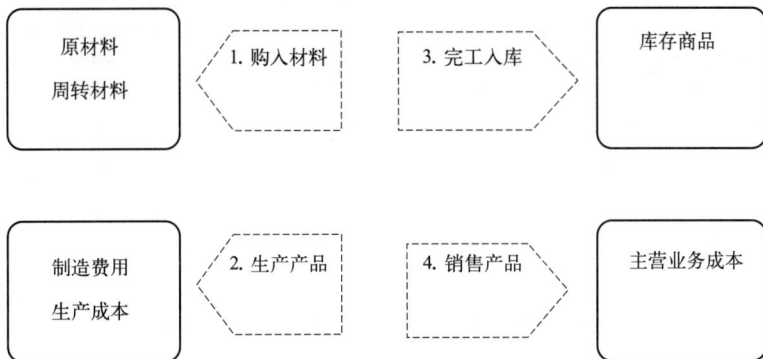

（1）原材料

> 1403　原材料
>
> 一、本科目核算企业库存的各种材料，包括原料及主要材料、辅助材料、外购半成品（外购件）、修理用备件（备品备件）、包装材料、燃料等的计划成本或实际成本。收到来料加工装配业务的原料、零件等，应当设置备查簿进行登记。
>
> 二、本科目可按材料的保管地点（仓库）、材料的类别、品种和规格等进行明细核算。
>
> ……
>
> 四、本科目期末借方余额，反映企业库存材料的计划成本或实际成本。

打个比方，说一道大家熟悉的菜品——西红柿炒鸡蛋。这道菜的原材料有番茄（西红柿）、鸡蛋、葱、盐、油、生抽……当然，西红柿和鸡蛋是主要材料，其他是辅助材料。制造企业中产品的"原材料"就是 BOM 表里的内容。

（2）周转材料

> 1411　周转材料
>
> 一、本科目核算企业周转材料的计划成本或实际成本，包括包装物、低值易耗品，以及企业（建造承包商）的钢模板、木模板、脚手架等。
>
> 企业的包装物、低值易耗品，也可以单独设置"包装物""低值易耗品"科目。
>
> 二、本科目可按周转材料的种类，分别以"在库""在用"和"摊销"进行明细核算。
>
> ……
>
> 四、本科目期末借方余额，反映企业在库周转材料的计划成本或实际成本以及在用周转材料的摊余价值。

继续西红柿炒鸡蛋的例子，这道菜的周转材料也就是为了做菜而用到的工具——锅、碗、瓢、盆。

制造企业中产品的"周转材料"包括：材料的外包装，生产产品用到的模具、工具等。

（3）制造费用

> 5101　制造费用
>
> 一、本科目核算企业生产车间（部门）为生产产品和提供劳务而发生的各项间接费用。企业行政管理部门为组织和管理生产经营活动而

发生的管理费用，在"管理费用"科目核算。

二、本科目可按不同的生产车间、部门和费用项目进行明细核算。

……

四、除季节性的生产性企业外，本科目期末应无余额。

一般家庭做菜不会只做一样，要保证营养均衡可能要多种菜肴搭配食用，而"下厨房"的制造费用也就是为做菜而发生的电费、水费、买菜用车的折旧费、储存鸡蛋的冰箱的折旧费等不能直接计入某道菜的费用。直观地说，制造费用就是为制造产品而发生的费用。

制造企业中产品的"制造费用"包括：车间管理人员的工资薪酬、不能直接计入产品成本的设备折旧费、劳保费、差旅费等。

（4）生产成本

5001　生产成本

一、本科目核算企业进行工业性生产发生的各项生产成本，包括生产各种产品（产成品、自制半成品等）、自制材料、自制工具、自制设备等。

二、本科目可按基本生产成本和辅助生产成本进行明细核算。基本生产成本应当分别按照基本生产车间和成本核算对象（产品的品种、类别、订单、批别、生产阶段等）设置明细账（或成本计算单，下同），并按照规定的成本项目设置专栏。

……

四、本科目期末借方余额，反映企业尚未加工完成的在产品成本。

"生产成本"包含料、工、费三大模块（具体内容将在第 2 章中阐述）。这里介绍继续以做菜为例，做菜生产成本中的"料"即原材料，核算的是某道菜原材料（西红柿、鸡蛋、葱、盐、油、生抽……）的使用；"工"即厨师的人工费用；"费"即是从上面"制造费用"转来的。

制造企业中产品的"生产成本"即直接材料、直接人工和制造费用。直接材料指生产产品领用的材料，直接人工指生产对应产品的工人工资，制造费用即是月末从"制造费用"科目转来的金额。

（5）库存商品

1405　库存商品

一、本科目核算企业库存的各种商品的实际成本（或进价）或计划成本（或售价），包括库存产成品、外购商品、存放在门市部准备出售的商品、发出展览的商品以及寄存在外的商品等。

> 二、本科目可按库存商品的种类、品种和规格等进行明细核算。
>
> ……
>
> 四、本科目期末借方余额，反映企业库存商品的实际成本（或进价）或计划成本（或售价）。

做好的菜待上桌，就是"库存商品"。制造企业中的"库存商品"指完工入库的产成品（半成品是在"生产成本"科目中核算的）、可以单独出售的自制半成品及外购的不需要加工的产品。

（6）主营业务成本

> 6401　主营业务成本
>
> 一、本科目核算企业确认销售商品、提供劳务等主营业务收入时应结转的成本。
>
> 二、本科目可按主营业务的种类进行明细核算。
>
> ……
>
> 四、期末，应将本科目的余额转入"本年利润"科目，结转后本科目无余额。

菜上桌了，桌上的菜对应的成本也就是"主营业务成本"，和主营业务收入相对应，是直接核算出会计利润的重要环节。

制造企业中的"主营业务成本"是和"主营业务收入"相对应的，一般是指销售的产成品相对应的成本，如果是核算单独出售的自制半成品或外购直接出售的产品的，是要通过"其他业务成本"科目核算的（相关的收入即通过"其他业务收入"科目进行核算）。

1.6　成本会计里的"数学"——发出存货的计算

成本会计中"专业的计算方法"中的公式及其计算即是本节所讲的"数学"科。成本会计中专业的计算方法有很多，如发出存货的计算、人工费制造费的分配、完工未完工产品的分配等。这里只介绍发出存货的计算。

> 发出存货可以采用实际成本核算，也可以采用计划成本核算。
>
> 如果采用实际成本核算，则发出存货成本的计算要在先进先出法、月末一次加权平均法、移动加权平均法、个别计价法等方法中做出选择。
>
> 如果采用计划成本核算，会计期末要对存货计划成本和实际成本之间的差异进行单独核算，最终将计划成本调整为实际成本。

采用实际成本核算的计价方法的假设前提及优缺点如表 1-10 所示。

表 1-10　实际成本核算的计价方法的假设前提及优缺点

计价方法	假设前提	优点	缺点
个别计价法（个别认定法）	实物流转与成本流转一致	计算准确	工作量大，不适用于所有企业
先进先出法	先购进的存货先发出	可以随时结转存货发出成本	较烦琐，如果存货收发业务较多且存货单价不稳定时，其工作量较大
月末一次加权平均法	—	简化成本计算工作	平时无法从账簿中查询存货的收发及结存金额，需到月末才能计算出相应的结果，不利于存货成本日常管理与控制
移动加权平均法	—	更能接近其成本价格	步骤多，繁杂，易出错，一个月多次，浪费时间

表 1-10 所列四种方法的计算公式如表 1-11 所示。

表 1-11　实际成本核算计价方法的计算过程

计价方法	具体计算过程
个别计价法（个别认定法）	按照各种存货逐一辨认各批发出存货和期末存货所属的购进批别或生产批别，分别按其购入或生产时确定的单位成本计算各批发出存货和期末存货成本
先进先出法	按先进先出的假定流转顺序来确定发出存货的成本及期末结存存货的成本
月末一次加权平均法	存货单位成本 =［月初库存存货的实际成本 +∑（本月各批进货的实际单位成本 × 本月各批进货的数量）]/（月初库存存货数量+本月各批进货数量之和） 本月发出存货成本 = 本月发出存货数量 × 存货单位成本 本月月末库存存货成本 = 月末库存存货数量 × 存货单位成本
移动加权平均法	存货单位成本 =（原有库存存货实际成本 + 本次进货实际成本）÷（原有库存存货数量 + 本次进货数量） 本次发出存货成本 = 本次发出存货数量 × 本次发货前存货单位成本 本月月末库存存货成本 = 月末库存存货数量 × 本月月末存货单位成本

【案例 1.4】先进先出法的核算

金蚂蚁制造公司采用先进先出法核算原材料。2022 年 1 月 1 日库存甲材料 500 千克，实际成本为 1 000 元，1 月 5 日购入甲材料 1 000 千克，实际成本为 3 000 元，1 月 8 日购入甲材料 300 千克，实际成本为 800 元，1 月 10 日发出甲材料 1 200 千克。不考虑其他因素，该企业发出的甲材料实际成本的计算过程如下。

10 日发出的 1 200 千克甲材料中，先发出期初结存的 500 千克，然后发出 5 日购入的 700（1 200–500=700）千克。

所以，该企业发出的甲材料实际成本 =1 000+3 000÷1 000×700=3 100（元）。

【案例1.5】月末一次加权平均法的核算

金蚂蚁加工厂采用月末一次加权平均法核算发出材料成本。2022年1月1日结存乙材料100件、单位成本20元，1月10日购入乙材料40件、单位成本25元，1月20日购入乙材料200件、单位成本15元。当月发出乙材料300件。不考虑其他因素，该企业1月份发出乙材料的成本的计算过程如下。

根据月末一次加权平均法的计算公式"存货单位成本 =［月初库存存货的实际成本 + ∑（本月各批进货的实际单位成本 × 本月各批进货的数量）］/（月初库存存货数量 + 本月各批进货数量之和）以及本月发出存货成本 = 本月发出存货数量 × 存货单位成本"得出

该企业1月份发出乙材料的成本 =（100×20+40×25+200×15）÷（100+40+200）×300=5 294.12（元）

【案例1.6】移动加权平均法的核算

金蚂蚁食品公司采用移动加权平均法计算发出存货成本。2022年1月月初结存甲材料10吨，每吨单价8 000元。且当月购入情况如下：3日购入5吨，单价9 000元；17日购入15吨，单价7 000元。本月领用情况如下：10日领用10吨；28日领用10吨。该公司月末结存甲材料成本的计算过程如下。

3日购入后的平均单价 =（10×8 000+5×9 000）÷（10+5）=8 333.33（元/吨）

17日购入后的平均单价 =［（15-10）×8 333.33+15×7 000］÷（5+15）
=7 333.33（元/吨）

月末结存甲材料数量 =10+5+15-10-10=10（吨）

结存甲材料成本 =10×7 333.33=73 333.33（元）

成本现场1：盘点总在打烊后

小白十多年前曾在某超市做营业员。每月末最后一天晚上10点，门店打烊后准时开始进入盘点环节，这个环节的工作漫长而枯燥，令其记忆深刻。

后来，小白转岗到后台任数据员，虽然不必总是站着盘点，但录入数据、比对数据工作同样马虎不得。不过小白十分感谢那段日子，那段经历为小白在超市转岗至仓库统计员、成本核算员、会计等岗位打好了基础。

如今，小白已经是某集团公司的财务一把手了，也喜欢在群里分享自己的经验。

慕慕："我是刚到超市做财务，老总说要进行盘点，要我弄个流程出来，这是新超市，都没有先例，我该如何下手呀？"

小白自豪地在群里说："姐也在超市待过。"

小白自嘲是鱼的记忆，所以在群里大家都叫她鱼姐。

小白继续说："首先要知道为什么要盘点，是全盘还是抽盘，确定盘点时间。如果是全盘的话，一般是先盘点仓库的，打烊后再盘点卖场的。

备好估计盘点时间前卖场的货品，提前从仓库领出，即可开始盘点仓库。到盘点时间，卖场的货也卖得差不多了，盘点起来也轻松。

仓库的盘点表和卖场的差不多，如表 1-12 所示。

表 1-12　超市盘点表

货架 / 堆头编码	货品名称	条形码	计量单位	数量	备注

因为仓库货品的摆放是已经分门别类码好的，所以一般不会出现重复的货品，盘点时按货架从左至右、从上至下逐个进行清点，并按盘点表格式进行登记。

卖场盘点前，先把货架、堆头等编好号，然后按照从左至右、从上至下的顺序，先把盘点表中的货品名称、条形码、计量单位等记录好，盘点时直接清点填写数量即可。"

慕慕："那要几个人盘啊？一个数数，一个记数？还是一个人做完。"

鱼姐："最好是两人一组，一个点，一个记，最后由领班或财务抽盘。当然，领班和财务在盘点过程中要时时监督的。"

慕慕："盘点表要一式几份呢？"

鱼姐："这个看情况，一般，仓库那边肯定要一份，然后就是后台（负责数据比对的人）一份，财务一份。反正就写一份，需要就复印。"

慕慕："那仓管员应该怎么比对数据？"

鱼姐："仓库数据从仓管员的电脑里导出库存余额，卖场的就从超市后台系统中导出库存余额，然后把手写的盘点表数据和系统里的数据进行核对，这就是账实比对。仓管员只需比对仓库的数据，比对有差额的，要及时找出原因、分析原因；卖场数据比对就是后台的工作了，比对差额的，需告知相关责任人，也就是各部门（百货部、食品部、生鲜部等）领班或组长以及时找出原因。最后把比对结果报给财务。"

慕慕："就这么个流程呀，那我老总要我弄个文出来，鱼姐有模板吗？"

不多时，鱼姐小白真的从她的干货堆里翻出了个"超市盘点流程整理版"文件，具体内容如下所述。

超市盘点流程

1. 什么是盘点

所谓盘点就是定期或不定期地对店内的商品进行全部或部分清点，以确实掌握该期间内的经营业绩，并因此加以改善，加强管理。

2. 为什么盘点

①确切掌握库存量；

②掌握损耗并加以改善；

③加强管理，防微杜渐。

3. 盘点要达成的目的

每次盘点皆需投入大量的人力、物力和时间，同时也带来一些负面影响，但它却是一个非常重要的工作环节，它能达到下列目的：

① 了解商店在一定阶段的亏盈状况；

② 了解目前商品的存放位置，缺货状况；

③ 了解商店的存货水平，积压商品的状况及商品的周转状况；

④ 发掘并清除滞销品、临近过期商品，整理环境、清除死角；

⑤ 根据盘点情况，加强管理、防微杜渐，同时遏阻不轨行为。

4. 盘点作业流程

盘点作业流程规划得缜密与否，直接关系到盘点结果的真实性。一般盘点流程如下所示。

```
          ┌─────────────────────┐
          │  建立盘点制度及标准  │
          └─────────────────────┘
                     │
                     ▼
          ┌─────────────────────┐
          │     进行组织落实     │
          └─────────────────────┘
                     │
                     ▼
          ┌─────────────────────┐
          │     责任区域划分     │
          └─────────────────────┘
                     │
                     ▼
          ┌─────────────────────┐
          │   盘点前准备及培训   │
          └─────────────────────┘
                     │
                     ▼
          ┌─────────────────────┐
          │      盘点作业        │
          └─────────────────────┘
                     │
                     ▼
          ┌─────────────────────┐
          │      盘点结果        │
          └─────────────────────┘
                     │
                     ▼
┌────────┐      ┌─────────────────────┐
│  重盘  │─────▶│   是否存在重大差异   │
└────────┘      └─────────────────────┘
                     │            │
                     ▼            ▼
┌────────────┐  ┌────────┐   ┌────────┐
│ 追查责任   │◀─│  存在  │   │ 不存在 │
│ 改进策略   │  └────────┘   └────────┘
└────────────┘                    │
                                  ▼
                          ┌────────────┐
                          │ 确认盘点结果│
                          └────────────┘
```

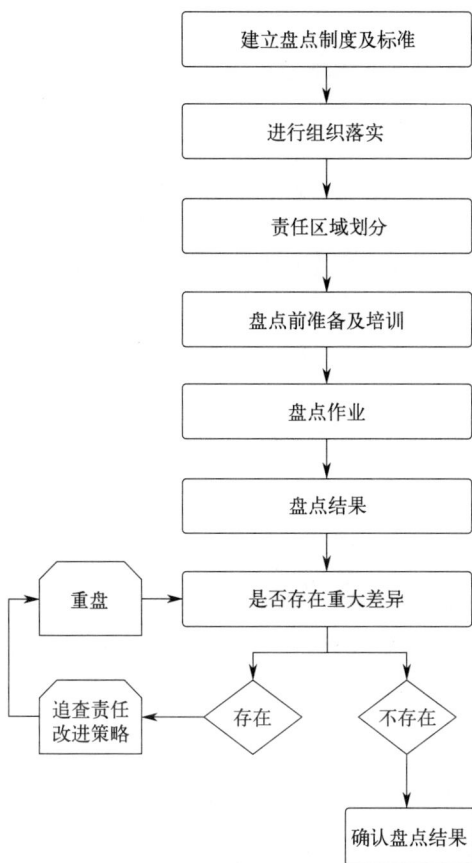

盘点前的准备工作：

（1）检查标价牌与盘点标签

A. 商品标价牌是否做到一货一牌，价签对应。

B. 上次的盘点卡（盘点标签）是否已经清除。新的盘点卡（标签）是否已经准备完毕。

盘点标签应放置于价签对应商品。

C. 无条码的商品是否已贴上编码（含仓库内商品）。保证每一件商品都有条码或编码，特别是百货组和散货组。

（2）检查商品

货架上的商品是否前后一致，多余商品是否已经入库。

标价牌与商品的条码是否对应。不能上架销售的商品是否已经撤到退货区。

各柜组的卫生是否已经到位。

非商品是否已经离开盘点区域（如：茶杯、本子、衣服、手套、抹布、打码机、厂家赠品、奶粉小勺、个人物品等）。

需退、调、换货的商品是否已经整理到退货区。

赠品是否已经提前清理到指定非盘区。

不便盘点陈列的商品是否入库，如货架多余的商品、挂件等。

有打包商品地堆是否已分地堆做出打包信息表，以备抄写盘点表及盘点时做参照。

盘点区域由主管或组长划分，盘点负责人审核：①是否有遗漏，②划分是否合理。

盘点前一天，卖场盘点表是否已按"S"形盘点路线抄写完毕，如散货架、地堆、促销桶、烟酒柜等。

盘点前一天，仓库是否整理好，盘点表是否按照"S"形盘点路线抄写完毕。开口纸箱内不得超过2个单品，且分离明确。

端架、促销桶侧面挂网及小货架上陈列的所有商品必须在盘点前一天撤到仓库，在仓库内完成盘点工作。

盘点前一天，下班前补齐卖场缺货，盘点当天不允许商品出库。

盘点前对于量大难盘点商品，进行捆绑/打包/装袋等。

仓库盘点流程

1. 仓库整理到位

任何部位抄盘点表前必须进行整理，要求如下：

（1）必须保证所有商品都有条码或编码（特别是百货编码）。

（2）唯一原则，任一单品，只能存放在同一个区域。

（3）整洁畅通，商品码放整齐、通道宽度适合初盘及复盘。同一摞商品，单品应少于3个。

（4）单品区分：一箱内仅放一个单品，包装相似的商品禁止放到一起。特殊情况开箱商品每箱内单品不超过2个，且区分明显。

（5）商品前后一致且对应，方便盘点。

（6）架高层商品尽量单箱摆放。一箱内不超过2个单品。

2. 抄写盘点表

（1）分区，仓库整理完毕后，主管对仓库分出不同盘点区域。

（2）准备盘点表、笔、复写纸、夹板等。

（3）找到指定区域，按照从左到右、从前到后的顺序，根据 S 形原则，开始抄写盘点表。

（4）抄写要求

A. 抄写过程中发现整理不到位的，必须同时整理到位。

B. 抄写同时复写一份，注意复写纸的安装与查看，复写不清时及时换复写纸。

必抄项：条码（无条码的才可写编码）、名称、规格。副食名称、品牌、口味均要写清，百货品牌、规格均要写清。

C. 空行与分页：同一盘点区域也要根据实际情况空行或分页。比如，2 组促销桶、地堆间要空 2 行，不同散货架、架高层间要分页。每页纸最后要空 4 行，以方便盘点人员盘点。

D. 标注与落款：在"时间"栏注明抄写人及抄写日期；"部门"栏注明部门；"架号"栏注明抄写区域。右下角注明页码，如"第 2 页，共 5 页"。

E. 书写要求：字迹工整不倾斜、复印清晰不错位，不乱加笔画。注意区分易错数字，如 3 与 2、7 与 1、6 与 9 等。

F. 打包商品：应抄写明细商品信息并在规格栏内注明明细商品规格、打包数量及"打包"字样（如 250mL 打包 24），以备盘点。

G. 修正：当发现书写错误时，要将错误处圈起来，并在旁侧用标准方法修正。禁止涂画。

3. 两人分别盘点

（1）两人为一个小组，领取盘点表。一人拿盘点表原件，一人拿盘点表复印件。找到要盘点的区域。

（2）各自理清盘点表及商品位置顺序，按照 S 形顺序开始盘点。在"数量 1"内写入商品数量。

（3）注意事项

A. 盘点时尽量不改变原商品顺序，必须改变的最好及时变回，以方便其他人盘点或抽盘。

B. 见货清货，禁止跳盘或漏盘。孤儿商品应送至收银台"孤儿商品临时存放区"或抄盘。

C. 发现数量错误时严禁划掉、涂改，应用含有加减法的等式修正。"="右面为正确数量。

4. 两人核对

盘点完成后，两人核对。数量一致的在"数量2"栏内打"√"。数量不一致时，两人一起核对，确定正确数量。错误的用等式修正，并在正确结果后标注"√"。

在盘点表最下方的"初盘人""复盘人"处分别签入2人姓名。

复盘完成后将盘点表交与盘点负责人。

5. 抽盘

复盘完毕，由负责人安排主管级以上的人员抽盘，主要抽取易出错商品，每列抽取单品不低于5个。抽查发现不一致时与初盘或者复盘人员核实（同复盘相应项）。抽盘完成后在"稽核"处签入抽盘人姓名，并将盘点表交与负责人。

6. 仓库盘点结束，锁门封库。

卖场盘点流程

盘点分为初盘、复盘、录入、抽查四个阶段。初盘以负责该部门、该柜组的理货人员为主，复盘以负责其他部门、柜组的理货人员为主。

一、货架区域盘点

1. 初盘

（1）两人一组，找到指定盘点区域。在盘点分区表"初盘人"处签入姓名。开始盘点。

（2）盘点顺序的原则是：从上到下、从左到右，按"小S"路线盘点。

（3）先检查价签所对应商品是否为同一个单品（同一条码）。如有不同单品应通过调整价签或送回孤儿区等方式调整完毕。

（4）以最小单位清点商品数量后，写在打码纸上，书写要求同盘点表。打码纸贴在价签所对应的第一个商品上，贴在该商品条码的正上方，严禁遮盖条码。贴有打码纸的商品条码向内，继续盘点下一个单品。

整个区域盘点完成后，找区域负责人安排下一个盘点分区。

2. 复盘

（1）找到指定复盘区域，在盘点分区表"复盘人"栏签入姓名，开始复盘。

（2）复盘顺序的原则同初盘。

（3）复盘与初盘数据一致时，在打码纸上标记"√"，复盘发现数据不对应，要及时告知初盘人员共同复核。确认初盘错误，则用含有加减法的等式修正，并在正确结果后标注"√"。复盘后将打码纸标签向外。当整面货架上的打码纸都向外，说明这面货架复盘完毕。

3. 盘点机录入

盘点进行到一定程度时（整体盘点工作完成 2/3 时）安排专人录入盘点机。各个区域都从 1 区开始按照盘点顺序原则录入。录入要仔细，正确率 100%，录入完一排货架时在区域牌"录入人"处签字。

4. 抽查

（1）盘点负责人安排抽查小组视盘点情况进行抽查，抽查率达 30%。

（2）检查发现盘点错误，需要与初盘、复盘核实准确。确定错误后，后台调整。

二、地堆及促销桶盘点

1. 地堆盘点

（1）根据地堆整理情况在正式盘点前先抄盘点表，注明打包商品、买赠商品。

（2）按验收时的最小单位来计算盘点的数量。

（3）盘点时对照手工盘点表依次清点地堆商品数量并填入盘点表。

（4）抄写盘点表时，为防止漏盘、便于盘点和抽查，必须按"S"形盘点路线抄盘点表。

2. 促销桶盘点

（1）从抄盘点表到盘点时促销桶商品位置是不能挪动的。促销桶底下不能有商品，盘点前应检查促销桶内部是否有商品。

（2）盘点前应提前抄写盘点表，抄写时每组促销桶空 2～3 行。

（3）盘点时先找到指定区域，了解该区域内的促销桶数量及商品构成。

（4）盘点时依次清点数量并填入盘点表中。

慕慕："鱼姐，比对数据是用 VLOOKUP 函数吧？"

鱼姐："对的，但你要先把盘点表的数据累计好，用 SUMIF、SUMPRODUCT 之类的。"

成本现场 2：新手做成本核算

小李决定应聘成本核算员岗位，虽然她没做过成本核算，但储备了丰富的相关知识，她觉得自己可以胜任。

小李所在这家工厂主要业务是生产手机套（半成品），做出的半成品发到广州总公司继续下一道工序，原材料、刀具等也是广州那里发过来的。

小李入职后到台面做了不到三天，老板就让她做了QC（质检员），然后就慢慢了解了手机套的生产工序。这也为她做成本核算打下了基础。所以说想做成本分析，必须要走进车间。

小李上岗成本会计一个月后，工厂业务开始多了，来料环节问题显现出来：经常断料影响生产。

老板这时想起小李这个成本会计，"小李，赶紧给我弄个制度流程出来，太乱了。"

回到办公室，小李赶紧在网上搜索制造业的成本制度流程。模板是有了，但如何结合厂里的实际情况写呢？

稍后，小李求助鱼姐，弄了一个简单的会计核算的制度流程：

××公司成本核算流程制度

一、仓库

1. 采购入库由仓管员（专人）验货签收，并填写入库单及登账（要求广州总公司附发货单一份）。

2. 生产领料时，由仓管员根据订单要求填写领料单（根据每笔订单一次性发料），并由领料的经手人（组长或工人）签字，并以此登账。

3. 每次采购或领料后要及时结出账面余额，并不定期自盘（时间在10日左右），发现原料不足的情况要及时通知主管。

注：所有的入库单、领料单要交财务一份，进销存账每次修改后需发至财务。

二、生产

1. 根据订单需求进行生产领料，并安排生产。每工序需填写工序卡，注明品名、刀模号、颜色、合格数量、废品数量，并在流转的订单确定表上签字。

2. 每日需结出计件工人工资并要求工人签字。

注：主管要及时把完成程度（工序卡内容）录入电脑，并发至财务。组长次日上班后将计件工人工资录入电脑。每月初，把上月各计件工人统计表纸质版交给财务。

三、出货

1. 负责打包出货的员工必须按单出货，一般要遵循"只能多不能少"的原则进行打包，数量不够的要及时向主管上报，相关组长补数完成后即打包出货。对于某些订单要求先发货后补数的，要记录好，且下次发货时一定把数补完。

2. 打包出货须填写各框明细，框上贴一份、手写一份，电脑录入存档；每次发货后要填写总结单（汇总表），手写一份，电脑录入存档。

注：各框明细、汇总表的纸质版、电脑版各一份给财务。

四、成本核算

核对料、工两项，其中，"料"根据仓库的发货数量及主管的完成程序分析计算；"工"根据组长上报的计件工人统计表及计时工人的出勤卡计算。

制度流程已经初步制订，小李又开始嘀咕了：这到底能不能执行呢？没人监督恐怕不行。

第2章
成本的区分与归集

成本的区分与归集是成本核算中的核心问题。如何对成本分类、如何做成本归集直接影响公司成本数据的真实性和准确性。

在第 1 章中,我们提到的成本科目中讲到的"生产成本"已对料、工、费进行了简单的介绍。料、工、费是直接材料、直接人工和制造费用的简称。

2.1 料

料，是生产产品的直接材料，包括主料和配料。比如做菜用的蔬菜、油盐酱醋，做蛋糕用的鸡蛋、面粉等。你若不清楚所在企业的"料"是什么，那么需要到车间和仓库了解清楚，或者看企业提供的原材料入库单/领料单、BOM 表等。

那么这个"料"从哪来？

生产的"料"包括主料和辅料，一般都是外来的，这个"外来"指的是外购，即从供应方采购而来，也有总公司向分公司划拨的，如连锁企业，总店向各分店划拨的商品（商贸企业没有"原材料"，应记入"库存商品"）。

对于主料和辅料，会涉及"原材料"和"周转材料"两个会计科目，这里讲一下这两个科目的账务处理。

2.1.1 原材料

借方	原材料	贷方
入库（购入或退领）的原材料		出库（领用或销售）的原材料
期末库存材料的计划成本或实际成本		

1403　原材料

三、原材料的主要账务处理

（一）企业购入并已验收入库的材料，按计划成本或实际成本，借记本科目，按实际成本，贷记"材料采购"或"在途物资"科目，按计划成本与实际成本的差异，借记或贷记"材料成本差异"科目。

（二）自制并已验收入库的材料，按计划成本或实际成本，借记本科目，按实际成本，贷记"生产成本"科目，按计划成本与实际成本的差异，借记或贷记"材料成本差异"科目。

委托外单位加工完成并已验收入库的材料，按计划成本或实际成本，借记本科目，按实际成本，贷记"委托加工物资"科目，按计划成本与实际成本的差异，借记或贷记"材料成本差异"科目。

（三）生产经营领用材料，借记"生产成本""制造费用""销售费用""管理费用"等科目，贷记本科目。出售材料结转成本，借记"其他业务成本"科目，贷记本科目。发出委托外单位加工的材料，借记"委托加工物资"科目，贷记本科目。采用计划成本进行材料日常核算的，发出材料还应结转材料成本差异，将发出材料的计划成本调整为实际成本。

采用实际成本进行材料日常核算的，发出材料的实际成本，可以采用先进先出法、加权平均法或个别认定法计算确定。

原材料采用实际成本核算时，由于支付方式不同，原材料入库的时间与付款的时间可能一致，也可能不一致，在会计处理上也有所不同。采用计划成本核算时，其本质上还是实际成本，只是将实际成本分为计划成本和材料成本差异，所以要比实际成本核算时多设置"材料采购"和"材料成本差异"科目。

两者的账务处理如表 2-1 所示。

表 2-1　实际成本核算和计划成本核算的账务处理

业务	实际成本核算	计划成本核算
单货同到	借：原材料 　　应交税费——应交增值税（进项税额） 　贷：银行存款等	（1）按实际采购成本作如下处理： 　借：材料采购（实际成本） 　　　应交税费——应交增值税（进项税额） 　　贷：银行存款（其他货币资金、应付票据、应付账款等） （2）验收入库时： 　借：原材料（计划成本） 　　贷：材料采购（实际成本） 　　　　材料成本差异（差额，或借方） 注："材料成本差异"科目借方差额为购入时的超支差；贷方差额为购入时的节约差。
单到货未到	单到时： 借：在途物资 　　应交税费——应交增值税（进项税额） 　贷：银行存款等 材料验收入库时： 借：原材料 　贷：在途物资	
货到单未到	月末仍未收到单据时，材料按暂估价值入账： 借：原材料 　贷：应付账款——暂估应付账款 下月初用红字冲销原暂估入账金额； 等单据到后按"单货同到"进行账务处理。	

【案例 2.1】单货同到的账务处理

2022 年 1 月，金蚂蚁公司向 A 公司购入甲材料一批，取得的增值税专用发票上注明价款 100 000 元，增值税 13 000 元。货款、税费均由银行存款支付，该材料已验收入库。

此业务中，发生材料的买价 100 000 元构成材料的采购成本，由于材料已验收入库，应记入"原材料"会计科目的借方，同时支付因购买材料发生的准予从销项税额中抵扣的增值税进项税额 13 000 元，应记入"应交税费——应交增值税（进项税额）"会计科目的借方；货款、税费以银行存款支付，使企业银行存款减少，应记入"银行存款"会计科目的贷方。

所以该业务应编制的会计分录为：

借：原材料——甲材料　　　　　　　　　　　　　　　100 000

　　应交税费——应交增值税（进项税额）　　　　　　　13 000

贷：银行存款	113 000

【案例2.2】单到货未到的账务处理

承【案例2.1】，如果该案例的材料尚未到达，则发生材料的买价100 000元应记入"在途物资"会计科目的借方，同时支付因购买材料发生的准予从销项税额中抵扣的增值税进项税额13 000元，应记入"应交税费——应交增值税（进项税额）"会计科目的借方；货款、税费以银行存款支付，使企业银行存款减少，应记入"银行存款"会计科目的贷方；材料签收入库后，将其从"在途物资"会计科目转入"原材料"会计科目。

所以该业务应编制的会计分录为：

借：在途物资——甲材料	100 000
应交税费——应交增值税（进项税额）	13 000
贷：银行存款	113 000

材料验收入库时，应编制的会计分录为：

借：原材料——甲材料	100 000
贷：在途物资——甲材料	100 000

【案例2.3】货到单未到的账务处理

2022年1月，金蚂蚁公司向A公司购入甲材料一批，该材料已验收入库，随货附上的送货单注明的材料金额为100 000元，发票未开，货款未付。

此业务中，因为未收到发票，所以只能按随货附上的送货单注明的材料金额100 000元暂估入账，由于材料已验收入库，应记入"原材料"会计科目的借方，未付的货款，应记入"应付账款"会计科目的贷方。

所以该业务应编制的会计分录为：

借：原材料——甲材料	100 000
贷：应付账款——暂估应付账款	100 000

2月，该公司取得的增值税专用发票上注明价款100 000元，增值税13 000元。

此业务中，应先用红字冲销原暂估入账金额（理论上是月初冲销，实际工作中一般在收到发票时冲销）。然后根据相关发票按"单货同到"进行账务处理。

红冲1月暂估原材料，应编制的会计分录为：

借：原材料——甲材料	100 000

　　　　　贷：应付账款——暂估应付账款　　　　　　　　$\boxed{100\ 000}$

签收发票，应编制的会计分录为：

借：原材料——甲材料　　　　　　　　　　　　　100 000

　　应交税费——应交增值税（进项税额）　　　　　13 000

　　贷：应付账款——A 公司　　　　　　　　　　　　113 000

2.1.2　周转材料

借方	周转材料	贷方
入库（购入或退领）		出库（领用或销售）
期末在库周转材料的计划成本或实际成本		

> 1411　周转材料
>
> 三、周转材料的主要账务处理
>
> （一）企业购入、自制、委托外单位加工完成并已验收入库的周转材料等，比照"原材料"科目的相关规定进行处理。
>
> ……

2.2　工

　　工，指生产产品的直接人工，生产主体就是车间工人。如果是生产任务紧，车间管理人员或机动人员也会参与产品生产，所以也应算入成本里的"工"。

　　那么这个"工"的数据从哪里来呢？

　　如果是计时的，可以直接从 HR（人力资源）处查询数据，而如果是计件的，则由统计提供。一般企业都是由车间统计编制计件工时表，交至 HR，再由 HR 汇总整理编制工资表交给财务，由财务编制工资汇总表（一些企业是由 HR 编制）。工资汇总表由工资表的前半部分组成，汇总各部门的"应发工资"金额，如表 2-2 所示。

表 2-2　工资汇总表
20××年××月工资汇总表

单位：

部门	基本工资	出勤天数/工时	考勤/工时工资	岗位工资	绩效工资	加班工资	其他	应发工资合计

部门	基本工资	出勤天数／工时	考勤／工时工资	岗位工资	绩效工资	加班工资	其他	应发工资合计
合计								

制表：

员工工资应通过"应付职工薪酬"会计科目核算，成本里的"工"也如此。

2211　应付职工薪酬

一、本科目核算企业根据有关规定应付给职工的各种薪酬。企业（外商）按规定从净利润中提取的职工奖励及福利基金，也在本科目核算。

二、本科目可按"工资""职工福利""社会保险费""住房公积金""工会经费""职工教育经费""非货币性福利""辞退福利""股份支付"等进行明细核算。

……

五、本科目期末贷方余额，反映企业应付未付的职工薪酬。

借方	应付职工薪酬	贷方
发放的工资	计提的工资	
	期末应付未付的职工薪酬	

2211　应付职工薪酬

三、企业发生应付职工薪酬的主要账务处理

（一）生产部门人员的职工薪酬，借记"生产成本""制造费用""劳务成本"等科目，贷记本科目。

……

【案例2.4】计提工资的账务处理

2022年1月，计提金蚂蚁制造公司当月工资311 000元，其中：车间工人154 500元、车间管理人员15 000元、厂部管理人员109 500元、销售部门人员32 000元。

此业务中，车间工人工资154 500元，应记入"生产成本"会计科目的借方；

车间管理人员工资 15 000 元，应记入"制造费用"的借方；厂部管理人员工资 109 500 元，应记入"管理费用"的借方；销售部门人员工资 32 000 元，应记入"销售费用"的借方；应付工资的总额，应记入"应付职工薪酬"会计科目的贷方。

所以该业务应编制的会计分录为：

借：生产成本——直接人工　　　　　　　　　　　　154 500
　　制造费用——工资　　　　　　　　　　　　　　 15 000
　　管理费用——工资　　　　　　　　　　　　　　109 500
　　销售费用——工资　　　　　　　　　　　　　　 32 000
　　贷：应付职工薪酬——工资　　　　　　　　　　　　311 000

2.3　费

成本里的"费"仅指"制造费用"，而不是"期间费用"。

成本费用的划分一般根据不同的管理目的有不同的划分标准，按经济用途，即根据生产经营中发生的成本费用的原因来划分，可以划分为制造成本和期间费用。

制造成本指直接与生产产品相关的各类物质耗费、人工耗费和其他费用，包括前面讲到的直接材料和直接人工，还有一类就是在产品生产过程中不能直接归入这两项支出的、间接用于产品生产的各项费用，总结起来就是为制造产品而产生的费用，简称"制造费用"。具体来讲，制造费用包括车间管理人员、机动人员（修理工、勤杂工）等车间内不直接参与产品生产的人员的工资；车间应承担或分摊的燃料动力费、固定资产折旧费、修理费；车间办公费、物料消耗等。

而期间费用是企业在一定会计期间内所发生的、为组织和管理日常生产经营活动，但与具体生产产品无直接因果关系的各项费用。

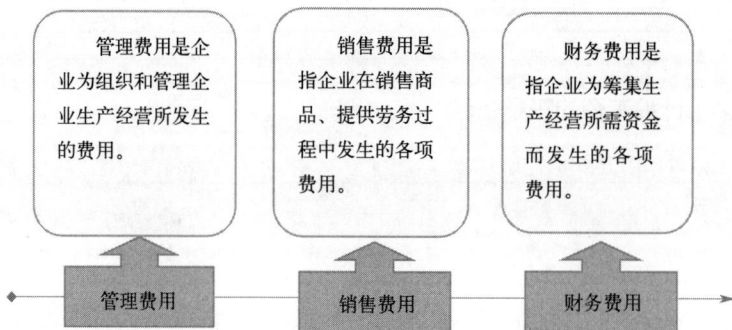

管理费用是企业为组织和管理企业生产经营所发生的费用。

销售费用是指企业在销售商品、提供劳务过程中发生的各项费用。

财务费用是指企业为筹集生产经营所需资金而发生的各项费用。

管理费用　　　　销售费用　　　　财务费用

那么"费"的数据应从哪里来呢？如车间管理人员、机动人员（修理工、勤杂工）等车间内不直接参与产品生产的人员的工资可参照上面讲到的"工"的内容；车间应承担或分摊的费用，可根据相关部门提供的数据，编制相应的费用分摊表核算；固定资产折旧费的依据即为编制的固定资产折旧表。当然，制造费用的数据来源还包括各种凭证，如费用报销单、差旅费报销单、出库单等。

关于"制造费用"的账务处理，会涉及"制造费用"会计科目。

借方	制造费用	贷方
发生的制造费用		月末结转至"生产成本"的制造费用
（一般期末无余额）		

5101　制造费用

三、制造费用的主要账务处理

（一）生产车间发生的机物料消耗，借记本科目，贷记"原材料"等科目。

（二）发生的生产车间管理人员的工资等职工薪酬，借记本科目，贷记"应付职工薪酬"科目。

（三）生产车间计提的固定资产折旧，借记本科目，贷记"累计折旧"科目。

（四）生产车间支付的办公费、水电费等，借记本科目，贷记"银行存款"等科目。

（五）发生季节性的停工损失，借记本科目，贷记"原材料""应付职工薪酬""银行存款"等科目。

（六）将制造费用分配计入有关的成本核算对象，借记"生产成本（基本生产成本、辅助生产成本）""劳务成本"等科目，贷记本科目。

（七）季节性生产企业制造费用全年实际发生额与分配额的差额，除其中属于为下一年开工生产做准备的可留待下一年分配外，其余部分实际发生额大于分配额的差额，借记"生产成本——基本生产成本"科目，贷记本科目；实际发生额小于分配额的差额做相反的会计分录。

【案例2.5】发生制造费用的账务处理

2022年1月，金蚂蚁制造公司以现金支付车间主任张某报销差旅费1 500元。

此业务中，车间发生的差旅费1 500元，应记入"制造费用"的借方；库存现金的减少，应记入"库存现金"会计科目的贷方。

所以该业务应编制的会计分录为：

借：制造费用——差旅费　　　　　　　　　　　　　　　　1 500

贷：库存现金   1 500

2.4　生产成本

以下介绍成本核算的主题——"生产成本"会计科目。

在前面已经简单介绍了该科目是核算产品成本里的"料、工、费"三项内容。有些企业的"燃料动力"也在该科目中核算，有的则是在"制造费用"会计科目中核算。原材料有主料和辅料之分，成本也存在辅助生产成本。一些企业直接把"生产成本"会计科目的二级科目按产品品种或订单号等进行设置，所以"生产成本"会计科目的明细科目可以根据企业的实际情况按表 2-3 进行设置。

表 2-3　生产成本明细科目

设置方法	明细科目
一般企业按"料、工、费"三大内容设置	生产成本——直接材料 生产成本——直接人工 生产成本——制造费用 （有些企业还设置"生产成本——燃料动力"）
按主、辅内容进行设置	生产成本——基本生产成本 生产成本——辅助生产成本
按产品品种进行设置	生产成本——A 产品 生产成本——B 产品 ……
按订单号进行设置	生产成本——订单 1001 生产成本——订单 1002 ……

关于"生产成本"的账务处理，会涉及"生产成本"会计科目。

借方	生产成本	贷方
企业发生的各项生产成本	完工的产品成本	
企业尚未加工完成的在产品成本		

5001　生产成本

三、生产成本的主要账务处理

（一）企业发生的各项直接生产成本，借记本科目（基本生产成本、辅助生产成本），贷记"原材料""库存现金""银行存款""应付职工薪酬"等科目。

各生产车间应负担的制造费用，借记本科目（基本生产成本、辅助生产成本），贷记"制造费用"科目。

辅助生产车间为基本生产车间、企业管理部门和其他部门提供的劳务和产品，期（月）末按照一定的分配标准分配给各受益对象，借记本科目（基本生产成本）、"管理费用""销售费用""其他业务成本""在建工程"等科目，贷记本科目（辅助生产成本）。

企业已经生产完成并已验收入库的产成品以及入库的自制半成品，应于期（月）末，借记"库存商品"等科目，贷记本科目（基本生产成本）。

1411　周转材料

三、周转材料的主要账务处理

······

（二）采用一次转销法的，领用时应按其账面价值，借记"管理费用""生产成本""销售费用""工程施工"等科目，贷记本科目。

周转材料报废时，应按报废周转材料的残料价值，借记"原材料"等科目，贷记"管理费用""生产成本""销售费用""工程施工"等科目。

（三）采用其他摊销法的，领用时应按其账面价值，借记本科目（在用），贷记本科目（在库）；摊销时应按摊销额，借记"管理费用""生产成本""销售费用""工程施工"等科目，贷记本科目（摊销）。

周转材料报废时应补提摊销额，借记"管理费用""生产成本""销售费用""工程施工"等科目，贷记本科目（摊销）；同时，按报废周转材料的残料价值，借记"原材料"等科目，贷记"管理费用""生产成本""销售费用""工程施工"等科目；并转销全部已提摊销额，借记本科目（摊销），贷记本科目（在用）。

（四）周转材料采用计划成本进行日常核算的，领用等发出周转材料时，还应同时结转应分摊的成本差异。

知道了"料"从哪来，那么成本核算里的"料"的数据该如何取得呢？采购的"料"的数据从仓管开出的《入库单》里来，那生产领的"料"就是成本核算的"料"了吗？这得分两种情况：

情况一，如果领的料全部用完，即生产领的"料"，也就是仓管开出的领料单，即为成本核算的"料"。

情况二，如果领的料未全部用完，那么生产领的"料"即是仓管开出的领料单上的金额减去月末生产未用完的"料"。

对于领料单，成本会计要根据仓库提供的原材料领料单汇总成"原材料领用汇总表"，即是从车间仓库的领料统计，减去车间统计提供的"进销存"（一些企业在车间内设立一个小仓库）里的"出库情况"或直接根据"原材料使用情况表"作原材料的发出账务处理，如表2-4所示。

表 2-4　领用原材料的账务处理

业务	账务处理
用于生产经营	借：生产成本（直接材料成本） 制造费用（间接材料成本） 销售费用（销售部门消耗） 管理费用（行政部门消耗） 在建工程（工程项目消耗） 研发支出（研发环节消耗） 委托加工物资（发出加工材料） 贷：原材料
用于出售	借：其他业务成本 贷：原材料

【案例 2.6】领用原材料的账务处理

2022 年 1 月，金蚂蚁制造公司生产领用原材料 10 000 千克，单价 10 元，实际使用 9 000 千克。

此业务中，应按实际使用的原材料进行核算，有两种处理方法：

第一种方法，生产领用原材料（直接材料成本）100 000 元，应记入"生产成本"会计科目的借方；原材料减少，应记入"原材料"会计科目的贷方。实际使用 90 000 元，可作虚拟退库 10 000 元，做相反会计分录。

所以该业务应编制的会计分录为：

借：生产成本——直接材料　　　　　　　　　100 000

　　贷：原材料　　　　　　　　　　　　　　　　100 000

所以该业务应编制的会计分录为：

借：原材料　　　　　　　　　　　　　　　　10 000

　　贷：生产成本——直接材料（实际工作中，记作借方负数）　　10 000

第二种方法，实际使用的原材料 90 000 元，应记入"生产成本"会计科目的借方；原材料减少，应记入"原材料"会计科目的贷方。

所以该业务应编制的会计分录为：

借：生产成本——直接材料　　　　　　　　　90 000

　　贷：原材料　　　　　　　　　　　　　　　90 000

【案例 2.7】领用周转材料的账务处理

2022 年 1 月，金蚂蚁公司汇总当月领用耗材，生产领用 10 000 千克，单价

10 元；车间领用 120 千克，单价 10 元；厂部领用 10 千克，单价 10 元；销售部领用 20 千克，单价 10 元。

此业务中，生产领用（直接材料成本）100 000 元，应记入"生产成本"会计科目的借方；车间领用 1 200 元，应记入"制造费用"的借方；厂部领用 100 元，应记入"管理费用"的借方；销售部领用 200 元，应记入"销售费用"的借方；原材料减少，应记入"周转材料"会计科目的贷方。

所以该业务应编制的会计分录为：

借：生产成本——直接材料	100 000
制造费用——机物料消耗	1 200
管理费用——机物料消耗	100
销售费用——机物料消耗	200
贷：周转材料	101 500

【案例 2.8】结转制造费用的账务处理

2022 年 1 月，金蚂蚁公司结转当月制造费用 19 800 元，其中机物料消耗 1 200 元，差旅费 1 500 元，工资 15 000 元，固定资产折旧 2 000 元，办公费 100 元。

此业务中，结转的制造费用 19 800 元，应记入"生产成本"会计科目的借方，"制造费用"会计科目的贷方。

所以该业务应编制的会计分录为：

借：生产成本——制造费用	19 800
贷：制造费用——机物料消耗	1 200
制造费用——差旅费	1 500
制造费用——工资	15 000
制造费用——固定资产折旧	2 000
制造费用——办公费	100

2.5 分清两个"制造费用"

两个"制造费用"是什么？为什么生产工人的工资和车间管理人员的工资要

分别记入不同的科目？这里给大家梳理一下。

首先来解决第一个问题——为什么会出现两个"制造费用"呢？细看，两者确实不一样，一个是"制造费用"（一级科目），一个是"生产成本——制造费用"（二级科目）。"制造费用"先在一级科目中归集（即不能直接记入某种产品中），再分配到二级科目中，这两个科目可以说是为了区分归集和分配的。

那为什么不把发生的制造费用直接记入"生产成本——制造费用"会计科目中呢？这是因为我们做账需严格按照企业会计准则的账务处理方法进行。

再来说第二个问题——为什么生产工人的工资和车间管理人员的工资分别记入不同的科目？通过上面的学习，我们知道，生产工人的工资应记入"生产成本——直接人工"会计科目，而车间管理人员的工资不能直接计入某种产品中，应记入"制造费用——工资"会计科目。

所以，总结起来十四个字：生产成本很直接，制造费用拐个弯。

能直接计入产品成本的，记入"生产成本"会计科目，不能直接计入产品成本的，通过"制造费用"会计科目过渡，然后再做分配。

2.6　废品、停工影响成本

生产时出现废品是避免不了的。而且所有行业都有淡季和旺季，所以淡季时有的车间就会临时停止运作。这两种情况下会不会影响成本呢？答案是肯定的。

试想一下，本来是做 100 件产品，耗用的原材料 30 000 元，人工 20 000 元，费用 10 000 元，那么，这 100 件的总成本就是 60 000 元，单件的成本为 600元/件。如果出现 10 件废品，那么单件的成本约为 666.67 元/件，即单件的成本升高。

虽然工厂是停工了，但车间设备的折旧费还在继续，该给车间人员上的社保还要继续。

那么废品、停工这两种情况下，我们在账务上该如何处理呢？

2.6.1　废品损失的核算

废品损失是指在生产过程中发生的和入库后发现的不可修复废品的生产成本，以及可修复废品的修复费用，扣除回收的废品残料价值和应收赔款以后的损失。如果在生产过程中发现的，那么废品损失就会减少，这里就可以看出 QC（质检员）的重要性了。

但是以下三种产品不属于"废品损失"。

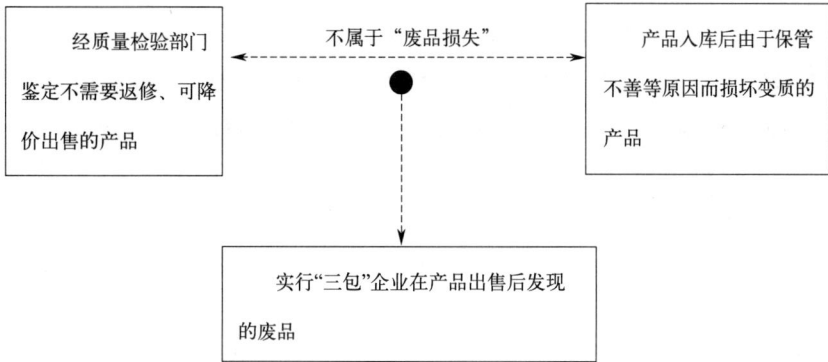

```
┌─────────────────┐      不属于"废品损失"      ┌─────────────────┐
│ 经质量检验部门     │ ◄ - - - - - ●- - - - - ► │ 产品入库后由于保管  │
│ 鉴定不需要返修、可降 │              │          │ 不善等原因而损坏变质的│
│ 价出售的产品       │              │          │ 产品             │
└─────────────────┘              │          └─────────────────┘
                                 ▼
                         ┌─────────────────┐
                         │ 实行"三包"企业在产品出售后发现 │
                         │ 的废品             │
                         └─────────────────┘
```

答会计问

提问：超定额的废品损失，会计怎么进行处理？

回复：废品损失不一定计入产品成本。定额内的废品损失计入生产成本；超定额的废品损失计入管理费用。

《企业会计准则第 1 号——存货》中的第九条明确规定：非正常消耗的直接材料、直接人工和制造费用应当在发生时确认为当期损益，不计入存货成本。

准则解释对此条款的说明是："企业超定额的废品损失以及由自然灾害而发生的直接材料、直接人工及制造费用，由于这些费用的发生无助于使存货达到目前场所和状态，不应计入存货成本，而应计入当期损益。"

从准则规定的成本开支范围分析，生产过程中产生的废品损失不包括在合格产品成本中，这里所指的废品损失，是指生产的废品和不合格品产生的所有耗费，包括直接原材料、直接人工及制造费用。在产品的原材料消耗中，投入的原料不一定 100% 产出合格产品，按标准工艺投入原材料的正常损耗是定额内的消耗，如投入产出比中的收得率、成材率等。

提问：超定额的废品损失和可修复的废品损失区别是什么？

回复：超定额的废品损失包括可修复的废品损失和不可修复的废品损失两方面。

① 超定额的损失计入营业外支出或管理费用，是指在生产过程中发生的和入库后发现的不可修复废品的生产成本，以及可修复废品的修复费用，扣除回收的废品残料价值和应收赔款以后的超过定额的损失。

② 而可修复的废品损失是会计入存货的成本的，因为其最终还是形成了存货。

③ 不可修复的就是不能够按照正常的产品出售，对于废品损失最后是可以计入产品的成本中的。

为单独核算废品损失，应在成本项目中设置"废品损失"科目，不过企业会计准则中没有这个科目。当然，废品损失也可不单独核算，相应费用等体现在"生产成本""原材料"等科目中。辅助生产一般不单独核算废品损失。

借方	废品损失	贷方
发生的不可修复废品的生产成本和可修复废品的修复费用		应从废品成本中扣除的回收废料的价值
		转入"生产成本"的净损失
		结转后无余额

废品损失包括不可修复废品损失和可修复废品损失，这两种情况在账务上应该如何处理呢？

（1）不可修复废品损失

不可修复废品损失的生产成本，可按废品所耗实际费用计算，也可按废品所耗定额费用计算。

a. 废品损失采用按废品所耗实际费用计算时，要将废品报废前与合格品计算在一起的各项费用，采用适当的分配方法在合格品与废品之间进行分配，计算出废品的实际成本，如果废品是在完工以后发现的，单位废品负担的各项生产费用应与单位合格产品完全相同，可按合格品产量和废品的数量比例分配各项生产费用，计算废品的实际成本。

其账务处理流程为：从"生产成本"会计科目贷方转入"废品损失"会计科目借方。其中，残料入库部分，则从"废品损失"会计科目的贷方转入"原材料"会计科目的借方；由责任人赔偿的部分，则从"废品损失"会计科目的贷方转入"其他应收款"会计科目借方，及时要求赔偿；结转废品净损失，应该全部归由本期完工的同种产品成本负担，从"废品损失"会计科目的贷方，转入"生产成本"会计科目的借方，结转后的"废品损失"会计科目应无期末余额。如图2-1所示。

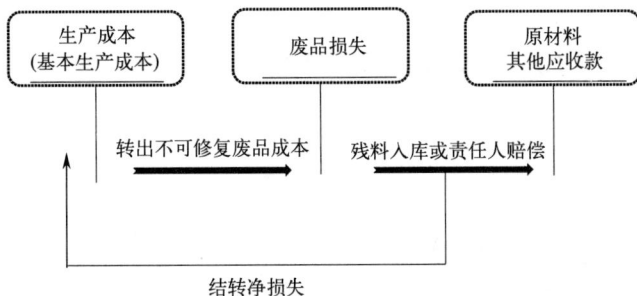

图 2-1　不可修复废品损失账务处理流程图

b. 废品损失采用按废品所耗定额费用计算不可修复废品成本时，废品的生产成本是按废品数量和各项费用定额计算的，不需要考虑废品实际发生的生产费用。

【案例 2.9】废品损失（不可修复）的账务处理

2022 年 1 月，金蚂蚁制造公司甲产品在生产过程中发现不可修复废品一批，该批废品的成本构成为：直接材料 3 200 元，直接人工 4 000 元，制造费用 2 000 元。废品残料计价 500 元已回收入库，应收过失人赔偿款 1 000 元。假定不考虑其他因素，该批废品的净损失计算如下：

该批废品的净损失 = 生产过程中发生的不可修复废品的生产成本（直接材料 3 200 元，直接人工 4 000 元，制造费用 2 000 元）- 回收的废品残料价值（500 元）- 应收赔款（1 000 元）=7 700（元）

此业务中，废品的成本构成（直接材料 3 200 元，直接人工 4 000 元，制造费用 2 000 元），从"生产成本"会计科目贷方转入"废品损失"会计科目的借方；残料入库部分（500 元），从"废品损失"会计科目的贷方转入"原材料"会计科目的借方；由责任人赔偿的部分（1 000 元），从"废品损失"会计科目的贷方转入"其他应收款"会计科目的借方；结转废品净损失，从"废品损失"会计科目的贷方，转入"生产成本"会计科目的借方。

所以该业务应编制的会计分录为：

（1）转出不可修复废品成本

借：废品损失　　　　　　　　　　　　　　　　　　9 200

　　贷：生产成本——直接材料　　　　　　　　　　　　3 200

生产成本——直接人工	4 000
生产成本——制造费用	2 000

（2）残料入库

借：原材料	500
贷：废品损失	500

（3）责任人赔偿

借：其他应收款	1 000
贷：废品损失	1 000

（4）结转废品净损失

借：生产成本	7 700
贷：废品损失	7 700

（2）可修复废品损失

可修复废品返修以前发生的生产费用，不是废品损失，不需要计算其生产成本，而应留在"基本生产成本"科目和所属有关产品成本明细账中，不需要转出。

返修发生的各种费用，应根据各种费用分配表，记入"废品损失"会计科目的借方。其回收的残料价值和应收的赔款，应从"废品损失"会计科目贷方分别转入"原材料"和"其他应收款"会计科目的借方。结转后"废品损失"会计科目的借方反映的是归集的可修复损失成本，应转入"生产成本"会计科目的借方。如图 2-2 所示。

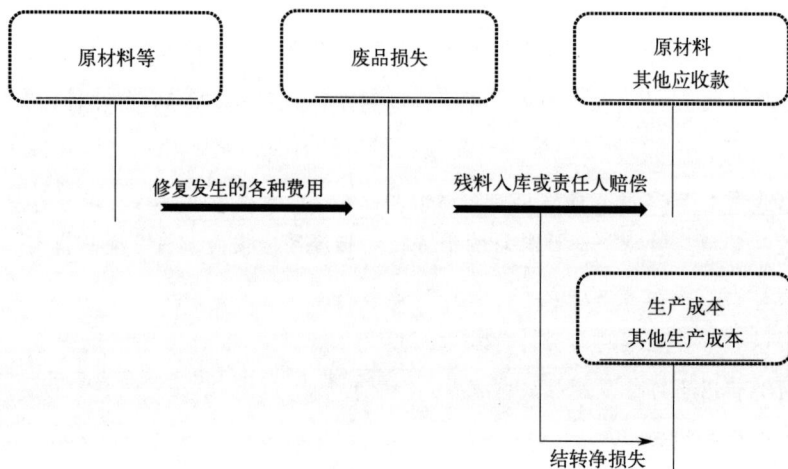

图 2-2 可修复废品损失账务处理流程图

【案例 2.10】废品损失（可修复）的账务处理

2022 年 1 月，金蚂蚁制造公司产品入库后发现可修复废品一批，生产成本为 200 000 元，返修过程中发生直接材料 20 000 元、直接人工 30 000 元、制造费用 40 000 元，废品残料作价 10 000 元已回收入库。不考虑其他因素，该企业可修复废品的净损失计算如下：

该企业可修复废品的净损失 =（返修过程中发生的）直接材料 20 000+ 直接人工 30 000+ 制造费用 40 000- 残料入库 10 000=80 000（元）

此业务中，返修过程中发生的各种费用（直接材料 20 000 元、直接人工 30 000 元、制造费用 40 000 元），记入"废品损失"会计科目的借方。其回收的残料价值（10 000 元），应从"废品损失"会计科目贷方转入"原材料"会计科目的借方。结转后"废品损失"会计科目的借方余额（80 000 元）反映的是归集的可修复损失成本，应转入"生产成本"会计科目的借方。

所以该业务应编制的会计分录为：

（1）返修过程中发生的费用

借：废品损失	90 000
贷：原材料	20 000
应付职工薪酬	30 000
制造费用	40 000

（2）收回残料

借：原材料	10 000
贷：废品损失	10 000

（3）结转净损失

借：生产成本	80 000
贷：废品损失	80 000

2.6.2　停工损失的核算

停工损失是指生产车间或车间内某个班组在停工期间发生的各项费用，包括停工期间发生的原材料费用、人工费用和制造费用等。应由过失单位或保险公司负担的赔款，应从停工损失中扣除。不满一个工作日的停工，一般不计算停工损失。

为单独核算停工损失，应在成本项目中设置"停工损失"科目，企业会计准则中没有这个科目。停工损失也可不单独核算，直接在"制造费用"和"营业外支出"会计科目中反映。

借方	停工损失	贷方
发生的停工费用	责任人或保险公司赔偿	
	结转净损失	
	结转后无余额	

发生的停工费用，应借记"停工损失"会计科目，贷记"原材料""应付职工薪酬"等会计科目；由责任人或保险公司赔偿部分，借记"其他应收款"会计科目，贷记"停工损失"会计科目；最后结转净损失，即把本月产品成本负担部分和自然灾害部分分别借记"生产成本"会计科目和"营业外支出"会计科目，贷记"停工损失"科目。如图 2-3 所示。

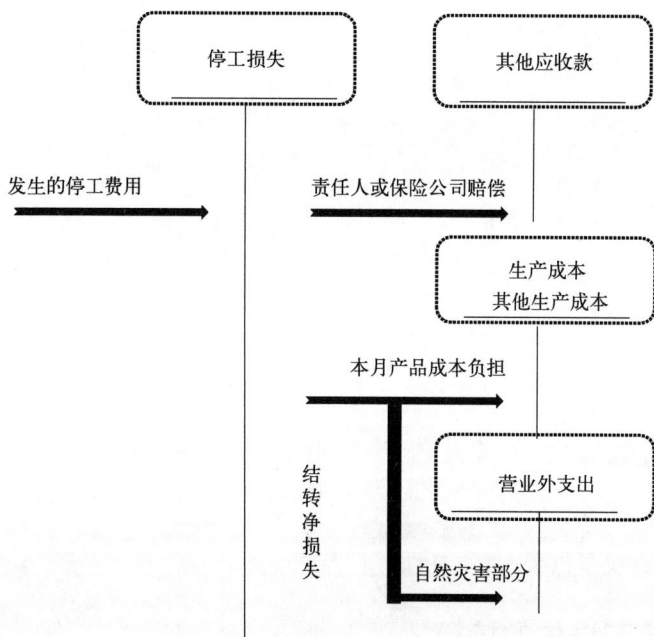

图 2-3 停工损失账务处理流程图

成本现场：去仓库收单

小米，女，刚从学校毕业，非会计专业的她在校期间已经取得了初级会计证，注会也过了两门，所以应聘会计工作也不难。如下是鱼姐多年来在某论坛做

《会计人说事》活动时，与小米的聊天记录。

小米："我仍记得第一个月跟着我师傅到仓库去收单的日子，每月固定到仓库收两次单，分别是在月中和月末，平时，除了监督签收发票，要核对库管员做的"进销存"表格，就怕库管员把结存公式弄错。到月末收单的时候，要分别核对"进销存"里的'进库'和入库单（除了平时签收发票已经记账的，还有月末暂估的）是否相符，'出库'和出库单以及领料单是否相符，'结存'与库管员自盘的数据是否相符。"

鱼姐："这就是核对账证相符的了？"

小米："对的，账实相符库管在办理入库、出库、盘点时已经做了。如果一切都这么简单就好了。那会，仓库很乱，结存数都对不上，因为期初的就对不上了。而且库管员经常是写单不及时或是录入电脑不及时，当然，也有既没写单也没录入电脑的，有些是写了没保存好，弄得月末经常加班补写单、补录入电脑，这个活当然是作为成本会计的我来做，以前是我师傅来做的，不过现在有我这个学徒了，这种活自然就是我的'专利'了。此后的日子，我几乎是隔三岔五地，经常往仓库盯着，这样仓库月末加班的时间就少了很多，不过库管员换得频繁，有时候我还客串库管的角色。"

刚做会计的你估计也跟小米有一样的经历吧。

鱼姐："那单子汇总来领的话，账务处理也是汇总来做吗？"

小米："是的，虽然是月中、月末分两次收单，但都是到月底一笔做完，月中不做。"

鱼姐："那原材料是数量金额核算？那单价、金额等与仓库能一致？"

小米："现在财务账上原材料仅是金额核算，原来数量金额核算时，因为财务账汇总来做，先不说入库，仅是出库，就和仓库的方法不一样，仓库是移动加权，财务是月末一次移动加权，最后结果就会不一样。所以，现在财务账上原材料仅金额核算，就只核对金额即可。如果要查明细的话直接看仓库的账本就行。"

鱼姐："是啊，仓库弄好了，财务就简单了。"

成本现场：车间统计"张冠李戴"了

继续跟小米会计聊着。

鱼姐："上次聊到了成本里的'料'，这次聊聊'工'？"

小米："工就是核算车间工人的工时了，这个月末由车间统计报给行政部，然后行政部做工资表，财务再根据工资表上的应发工资金额汇总编制成工资汇总表，最后根据这个汇总表做账就行了。"

鱼姐："我们的工资汇总表是行政做的，财务这边审核记账就是了。不过有时候统计会算错工时，改来改去的。"

小米："对啊，今天我都在税务局网站上报了财务报表，统计又说改数据，还好现在网站可以直接改报表，不然还得跑税务局。"

鱼姐："这次又是为什么改呢？"

小米："黄强和王强弄混了，一个是大肚黄，一个是三横王。"

鱼姐："这个不影响吧，工资不是汇总的吗？也就是说工资只要是车间工人的，都计入'生产成本——直接人工'会计科目的。"

小米："也是，不过我们生产成本是按车间核算。黄强和王强在不同车间，我们生产成本的二级科目为'××车间'，三级科目才是'直接材料/人工/制费'。"

鱼姐："不管你怎么设置，报表是不变的，生产成本的数据最终归属是资产负债表里的'存货'，反正你都是计入'生产成本'。"

小米："对，上报税务局的财务报表不用改，但账上总得改，不然，成本也对不上。"

鱼姐："下次让统计细心点。"

小米："三个车间，虽然才一百来个工人，但是每天做的产品先由 QC 开单，到月底统计再一起汇总，避免不了错单、漏单的。"

鱼姐："你们统计没有用电脑吗？"

小米："用着呢。不过开单还是手工开，因为要工人签字。"

鱼姐："那单据是到了月底统计再录入吗？"

小米："是啊，所以每到月底统计都加班。而且只有一个统计。"

鱼姐："如果能把工作分摊到每一周、每一天，哪怕是一天花十来分钟录入，月底也就不会那么忙了。"

成本现场：换发工作服

又到了鱼姐在会计微信群的财税答疑时间。

宁静："换发工作服是计入'制造费用'还是计入'生产成本'？"

水煮鱼："制造费用。"

宁静："发给工人的，不应该是计入生产成本吗？"

鱼姐："'制造费用'会计科目核算企业生产车间（部门）为生产产品和提供劳务而发生的各项间接费用，而'生产成本'会计科目则核算其直接费用。工作服只是间接费用，毕竟工作服不是单为生产某种产品而发放的。"

宁静："那发给工人的工资为什么可以计入生产成本？"

鱼姐："工人主要工作就是生产产品，领到的工资就是为生产产品发生的直接费用了。"

宁静："那如果工人被调去仓库帮忙盘点或是到办公室搞卫生呢？"

鱼姐："入管理费用。这个与产品无关了。"

宁静："为什么不计入'制造费用'？"

鱼姐："这个与生产产品没有关系。"

宁静："那换发工作服是计入工资？"

鱼姐："不，计入劳保费。"

水煮鱼："啊？我一直计入福利费。"

鱼姐："又不是给员工的福利。由企业统一制作并要求员工工作时统一着装所发生的工作服饰费用，不属于员工福利，应计入劳保费。而且，你计入员工福利，进项税不能抵扣，企业所得税又不能全部在税前扣除。"

水煮鱼："啊？看来得好好学学税法了。"

鱼姐："用于集体福利或者个人消费的购进货物，相应进项税额不得从销项税额中抵扣。职工福利费可以按比例税前扣除。企业发生的职工福利费支出，不超过工资、薪金总额14%的部分准予扣除。企业取得劳保用品进项发票，可以按规定抵扣进项税额。企业发生合理的劳动保护支出准予扣除。"

第3章
服从分配是一种选择

上一章介绍了料、工、费的"归集",它们需根据需求的实际情况统一"分配"。在我们生产中的"特定的时间",这里指的是月末,该如何分配这些归集呢?

3.1 分配是有标准的

在成本会计里的分配是有分配标准的，不能乱分。

产品分配标准有产品重量、消耗定额、工时、产品产量、产值比例等。

计算产品应分配的料、工、费时，主要分两步：

第一步，用待分配的料、工、费金额（即归集来的料、工、费金额）除以分配标准之和，求出分配率：

$$分配率 = 待分配金额 / 分配标准之和$$

第二步，用上一步求出的分配率乘以对应产品的分配标准，求出该产品应分配的费用金额：

$$某产品应分配的费用金额 = 分配率 \times 该产品的分配标准$$

3.2 "料、工"的分配

先来看一下"料、工"的分配。对于能分产品领用的材料以及消耗的人工费用，直接记入"生产成本——××产品——直接材料""生产成本——××产品——直接人工"会计科目；对于不能分产品领用的材料以及消耗的人工费用，分配后记入各相关产品的"生产成本——××产品——直接材料""生产成本——××产品——直接人工"会计科目。上一章已经介绍了"料、工"分配业务的账务处理，接下来介绍其具体的分配原则和方法。

【案例 3.1】原材料分配的核算

金蚂蚁制造公司生产 A、B 两种产品领用某材料 44 000 千克，每千克 20 元。2022 年 1 月，投产的 A 产品为 2 000 件、B 产品为 2 500 件。A 产品的材料消耗定额为 15 千克，B 产品的材料消耗定额为 10 千克。

此业务中，我们是按材料的消耗定额来作为产品的分配标准，可以按消耗定额的金额来分配，亦可以按消耗的数量来分配。

计算步骤如下：

1. 按消耗定额的金额作为分配标准

（1）计算分配率

要计算分配率，首先要计算"待分配金额"，即归集（领用）的材料金额。

待分配金额 = 领用材料 × 单价 =44 000×20=880 000（元）

计算分配率，还需要计算"分配标准之和"，也就是本业务中 A、B 产品的分配标准之和。

A 产品分配标准 = 投产 A 产品的数量 × A 产品的材料消耗定额

=2 000×15=30 000（千克）

B 产品分配标准 = 投产 B 产品的数量 × B 产品的材料消耗定额

=2 500×10=25 000（千克）

分配标准之和 =30 000+25 000=55 000（千克）

分配率 = 待分配金额 / 分配标准之和 =880 000÷55 000=16

（2）计算分配金额

A 产品应分配的原材料金额 = 分配率 × A 产品的分配标准

=16×30 000=480 000（元）

B 产品应分配的原材料金额 = 分配率 × B 产品的分配标准

=16×25 000=400 000（元）

2.按消耗定额的数量作为分配标准

（1）计算分配率

待分配金额即领用材料的数量 =44 000 千克

A 产品分配标准（数量）= 投产的 A 产品的数量 × 材料消耗定额

=2 000×15=30 000（千克）

B 产品分配标准（数量）= 投产的 B 产品的数量 × 材料消耗定额

=2500×10=25000（千克）

分配标准之和 =30 000+25 000=55 000（千克）

分配率 =44000÷（30 000+25 000）=0.8

（2）计算分配金额

A 产品应分配的原材料金额 = 分配率 × A 产品的分配标准

=0.8×30 000×20=480 000（元）

B 产品应分配的原材料金额 = 分配率 × B 产品的分配标准

=0.8×25 000×20=400 000（元）

【案例 3.2】工资分配的核算

金蚂蚁制造公司生产车间生产 A、B 两种产品，2022 年 1 月应支付生产工人的职工薪酬 200 万元，按生产工时比例分配，A 产品的生产工时为 600 小时，B 产品的生产工时为 400 小时。

此业务中，我们是以生产工时作为产品的分配标准。计算步骤如下：

生产工人工资费用分配率 = 待分配金额（应支付生产工人的职工薪酬）/ 分配标准之和（A、B 产品的生产工时之和）=200÷（600+400）=0.2

A 产品应分配的职工薪酬 = 分配率 ×A 产品的分配标准 =0.2×600=120（万元）

B 产品应分配的职工薪酬 = 分配率 ×B 产品的分配标准 =0.2×400=80（万元）

3.3 "费"的分配

"费"的分配公式与"料、工"的分配公式一致，即：

$$分配率 = 待分配金额 ÷ 分配标准之和$$

$$某产品应分配的费用金额 = 分配率 × 该产品的分配标准$$

分配标准也大致相同，例如生产工人工时、生产工人工资、机器工时、耗用原材料的数量或成本、直接成本（材料、生产工人工资等职工薪酬之和）和产成品产量等。

企业应当根据制造费用的性质，合理选择分配方法。也就是说，企业所选择的制造费用分配方法，必须与制造费用的发生具有比较密切的相关性，并且使分配到每种产品上的制造费用金额基本合理，同时还应当适当考虑计算手续的简便。

> 分配方法：生产工人工时比例法、生产工人工资比例法、机器工时比例法和按年度计划分配率分配法等。分配方法一经确认，不得随意变更。如需变更，应当在附注中予以说明。

【案例 3.3】制造费用分配的核算

金蚂蚁制造公司 2022 年 1 月生产 A、B 产品分别耗用机器工时 700 小时、300 小时，当月发生的制造费用为 100 万元。

此业务中，我们是以机器工时作为产品的分配标准。计算步骤如下：

制造费用分配率 = 待分配金额（发生的制造费用）÷ 分配标准之和（A、B 产品的耗用机器工时之和）=100÷（700+300）=0.1

A 产品应分配的制造费用 = 分配率 ×A 产品的分配标准 =0.1×700=70（万元）

B 产品应分配的制造费用 = 分配率 × B 产品的分配标准 =0.1×300=30（万元）

【案例 3.1】至【案例 3.3】可以编制的成本核算表如表 3-1 所示。

表 3-1　成本核算表　　　　　　　　　单位：万元

产品	直接材料	直接人工	制造费用	合计
A 产品	48	120	70	238
B 产品	40	80	30	150
合计	88	200	100	388

3.4　"牛奶"应该怎么分？

以美食巧克力豆配牛奶为例进行介绍，如果把成本里的"料、工、费"比作是"巧克力豆"，那么，比作"牛奶"的就是辅助这些"料、工、费"的，这样才能是完美的甜点，才能产出完整的产品。

那么作为"牛奶"的辅助生产费用我们应该如何分配呢？

通过上一章的学习我们知道，"料、工、费"都是归集到一个会计科目中的，即

料：生产成本——直接材料

工：生产成本——直接人工

费：制造费用

辅助生产费用的归集是通过"辅助生产成本"科目进行的，其中辅助生产车间的制造费用有直接和间接两种归集方式，如表 3-2 所示。

表 3-2　辅助生产车间的制造费用的归集

方式	内容	用于
直接归集	不通过"制造费用"科目核算，直接记入"辅助生产成本"科目	辅助生产车间规模很小、制造费用很少且辅助生产不对外提供产品和劳务的情况下
间接归集	先通过"制造费用"科目进行单独归集，然后再转入"辅助生产成本"科目	一般情况下

辅助生产费用的分配方法主要有直接分配法、交互分配法、计划成本分配法、顺序分配法和代数分配法等。

3.5 直接分配法

直接分配法，就是不考虑各辅助生产车间之间相互提供劳务或产品的情况，而是将各种辅助生产费用直接分配给辅助生产车间以外的各个受益单位。如图 3-1 所示。

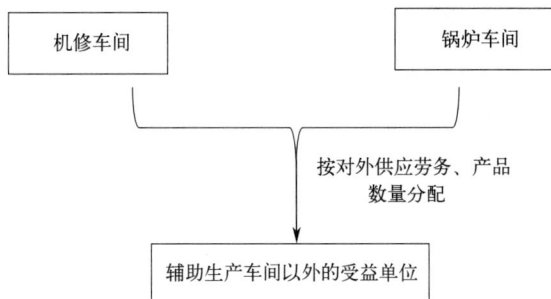

图 3-1 直接分配法

这种方法只需分配一次，而且计算比较简单，但是分配的结果不够准确。

【案例 3.4】直接分配法分配辅助生产费用

金蚂蚁制造公司辅助生产车间的制造费用不通过"制造费用"科目核算，且按直接分配法分配辅助生产费用。该公司锅炉和机修两个辅助车间之间相互提供产品和劳务。锅炉车间的成本按供汽量比例分配，机修车间的修理费用按修理工时比例进行分配。该公司 2022 年 1 月有关辅助生产成本的资料如表 3-3 所示。

表 3-3 辅助生产成本资料

辅助生产车间名称		机修车间	锅炉车间
待分配费用 / 元		480 000	45 000
供应劳务产品数量		160 000 小时	10 000 立方米
耗用劳务产品数量	锅炉车间	10 000 小时	
	机修车间		1 000 立方米
	一车间	80 000 小时	5 100 立方米
	二车间	70 000 小时	3 900 立方米

直接分配法即是将各种辅助生产费用直接分配给辅助生产车间以外的各个受益单位，在本业务中，即直接将机修车间的 480 000 元和锅炉车间的 45 000 元分别分配到一车间和二车间。

机修车间对外供应劳务数量 =160 000–10 000（或 =80 000+70 000）

$$=150\ 000（小时）$$

锅炉车间对外供应劳务数量 =10 000–1000(或 =5 100+3900)=9 000（立方米）

机修车间单位成本（分配率）= 待分配费用 / 对外供应劳务数量

$$=480\ 000/150\ 000=3.2$$

锅炉车间单位成本（分配率）= 待分配费用 / 对外供应劳务数量

$$=45\ 000/9\ 000=5$$

一车间的分配金额 = 分配率 × 耗用数量（机修车间）+ 分配率 × 耗用数量（锅炉车间）=3.2×80 000+5×5100=281 500（元）

二车间的分配金额 = 分配率 × 耗用数量（机修车间）+ 分配率 × 耗用数量（锅炉车间）=3.2×70 000+5×3 900=243 500（元）

编制的辅助生产成本分配表如表 3-4 所示。

表 3-4　辅助生产成本分配表（直接分配法）

辅助生产车间名称			机修车间	锅炉车间	合计
待分配费用 / 元			480 000	45 000	525 000
对外供应劳务数量			150 000 小时	9 000 立方米	
单位成本（分配率）			3.2	5	
基本生产车间	一车间	耗用数量	80 000 小时	5 100 立方米	
		分配金额 / 元	256 000	25 500	281 500
	二车间	耗用数量	70 000 小时	3 900 立方米	
		分配金额 / 元	224 000	19 500	243 500
金额合计 / 元			480 000	45 000	525 000

所以该业务应编制的会计分录为：

借：制造费用——第一车间　　　　　　　　　　　 281 500

　　　　　——第二车间　　　　　　　　　　　 243 500

　贷：生产成本——辅助生产成本（机修车间）　　 480 000

　　　　　——辅助生产成本（锅炉车间）　　　　 45 000

3.6　交互分配法

成本会计里的直接分配法只需进行一次分配，操作起来比较简单。而交互分配法需通过两次分配完成。首先是对各辅助生产车间内部相互提供的劳务进行分配，然后再将各辅助生产车间交互分配后的实际费用按提供的劳务数量，在辅助生产车间以外的各受益单位之间进行分配。如图 3-2 所示。

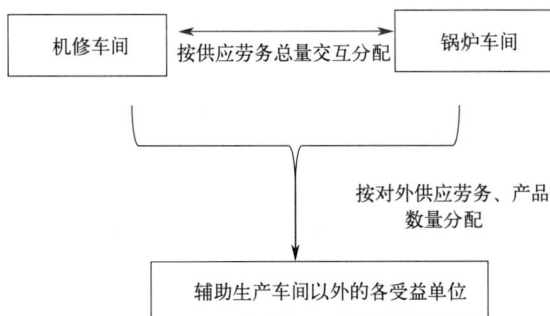

图 3-2　交互分配法

交互分配法的分配正确性比直接分配法高，但是增加了分配的工作量。

【案例 3.5】交互分配法分配辅助生产费用

金蚂蚁制造公司辅助生产车间的制造费用不通过"制造费用"科目核算，直接记入"辅助生产成本"科目。该公司锅炉和机修两个辅助生产车间之间相互提供产品和劳务。锅炉车间的成本按供汽量比例分配，机修车间的修理费用按修理工时比例进行分配。该公司 2022 年 1 月有关辅助生产成本的资料参见表 3-3。

交互分配法首先对各辅助生产车间内部相互提供的劳务进行分配，然后再将各辅助生产车间交互分配后的实际费用按提供的劳务数量，在辅助生产车间以外的各受益单位之间进行分配。在本业务中，首先对机修车间和锅炉车间相互提供的劳务进行分配，然后将分配后的实际费用按提供的劳务数量，在一车间和二车间之间进行分配。

（1）机修车间和锅炉车间交互分配

机修车间单位成本（分配率）＝待分配成本/供应劳务数量

＝480 000/160 000＝3

锅炉车间单位成本（分配率）＝待分配成本/供应劳务数量

＝45 000/10 000＝4.5

机修车间分配金额＝机修车间耗用数量×锅炉车间分配率

$$=1\ 000\times4.5=4\ 500（元）$$

锅炉车间分配金额＝锅炉车间耗用数量×机修车间分配率

$$=10\ 000\times3=30\ 000（元）$$

（2）机修车间和锅炉车间对外分配

机修车间待分配成本＝480 000–30 000+4 500=454 500（元）

机修车间供应劳务数量＝80 000+70 000=150 000（小时）

机修车间单位成本（分配率）＝待分配成本/供应劳务数量

$$=454\ 500/150\ 000=3.03$$

锅炉车间待分配成本＝45 000–4 500+30 000=70 500（元）

锅炉车间供应劳务数量＝5 100+3 900=9 000（立方米）

锅炉车间单位成本（分配率）＝待分配成本/供应劳务数量

$$=70\ 500/9\ 000=7.833\ 3$$

一车间分配金额＝机修车间耗用数量×机修车间分配率＋锅炉车间耗用数量×锅炉车间分配率=80 000×3.03+5 100×7.833 3=242 400+39 949.83=282 349.83（元）

因为锅炉车间的单位成本（分配率）为四舍五入，所以，二车间的锅炉分配金额应倒挤。

二车间分配金额＝机修车间耗用数量×机修车间分配率＋（锅炉车间待分配成本–一车间锅炉车间的分配金额）=70 000×3.03+（70 500–39 949.83）=242 650.17（元）

编制的辅助生产成本分配表如表3-5所示。

表3-5　辅助生产成本分配表（交互分配法）

分配方向		交互分配			对外分配		
辅助生产车间名称		机修	锅炉	合计	机修	锅炉	合计
待分配成本/元		480 000	45 000	525 000	454 500	70 500	525 000
供应劳务数量		160 000 小时	10 000 立方米		150 000 小时	9 000 立方米	
单位成本（分配率）		3	4.5		3.03	7.8 333	
辅助车间	机修 耗用数量		1 000 立方米				
	机修 分配金额/元		4 500	4 500			
	锅炉 耗用数量	10 000 小时					
	锅炉 分配金额/元	30 000		30 000			
金额小计/元		30 000	4 500	34 500			

分配方向			交互分配			对外分配		
基本车间	一车间	耗用数量				80 000 小时	5 100 立方米	
		分配金额 / 元				242 400	39 949.83	282 349.83
	二车间	耗用数量				70 000 小时	3 900 立方米	
		分配金额 / 元				212 100	30 550.17	242 650.17
分配金额小计 / 元						454 500	70 500	525 000

所以该业务应编制的会计分录为：

（1）交互分配

借：生产成本—辅助生产成本—机修车间 4 500

　　　　　　　　　　　　—锅炉车间 30 000

　　贷：生产成本—辅助生产成本—机修车间 30 000

　　　　　　　　　　　　—锅炉车间 4 500

（2）对外分配

借：制造费用——第一车间 282 349.83

　　　　　　——第二车间 242 650.17

　　贷：生产成本—辅助生产成本（机修车间） 454 500

　　　　　　—辅助生产成本（锅炉车间） 70 500

3.7　计划成本分配法

成本会计里的计划成本分配法的特点是辅助生产为各受益单位提供的劳务或产品，都按劳务或产品的"计划单位成本"进行分配，辅助生产车间实际发生的费用与按计划单位成本分配转出的费用之间的差额采用简化计算方法全部计入管理费用。如图 3-3 所示。

此方法便于进行成本考核和分析，有利于分清各单位的经济责任，但成本分配不够准确。

【案例 3.6】计划成本分配法分配辅助生产费用

金蚂蚁制造公司辅助生产车间的制造费用不通过"制造费用"科目核算，直

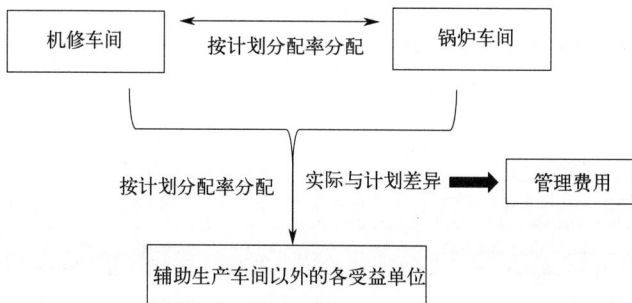

图 3-3　计划成本分配法

接记入"辅助生产成本"科目。该公司锅炉和机修两个辅助生产车间之间相互提供产品和劳务。锅炉车间的成本按供汽量比例分配，机修车间的修理费用按修理工时比例进行分配。该公司 2022 年 1 月有关辅助生产成本的资料参见表 3-3。

"机修车间每小时修理耗费 2.5 元，锅炉车间每立方米供汽量耗费 4 元"即是计划单位成本，所以辅助生产车间耗用和基本生产车间耗用的分配金额计算过程如下：

锅炉车间分配金额 = 锅炉车间耗用数量 × 机修车间计划单位成本

=10 000×2.5=25 000（元）

机修车间分配金额 = 机修车间耗用数量 × 锅炉车间计划单位成本

=1 000×4=4 000（元）

一车间的分配金额 = 一车间的耗用数量 × 机修车间计划单位成本 + 一车间的耗用数量 × 锅炉车间计划单位成本 =80 000×2.5+5 100×4=220 400（元）

二车间的分配金额 = 二车间的耗用数量 × 机修车间计划单位成本 + 二车间的耗用数量 × 锅炉车间计划单位成本 =70 000×2.5+3 900×4=190 600（元）

机修车间按计划成本分配金额 =25 000+200 000+175 000=400 000（元）

锅炉车间按计划成本分配金额 =4 000+20 400+15 600=40 000（元）

机修车间的实际成本 =480 000+4 000=484 000（元）

锅炉车间的实际成本 =45 000+25 000=70 000（元）

机修车间辅助生产成本差异 = 辅助生产实际成本 − 按计划成本分配金额

=484 000−400 000=84 000（元）

锅炉车间辅助生产成本差异 = 辅助生产实际成本 − 按计划成本分配金额

=70 000-40 000=30 000（元）

辅助生产成本差异合计＝机修车间辅助生产成本差异＋锅炉车间辅助生产成本差异 =84 000+30 000=114 000（元）

编制的辅助生产成本分配表如表3-6所示。

表3-6　辅助生产成本分配表（计划成本分配法）

辅助生产车间名称			机修车间	锅炉车间	合　计
待分配辅助生产费用 / 元			480 000	45 000	525 000
供应劳务数量			160 000 小时	10 000 立方米	
计划单位成本			2.5 元 / 小时	4 元 / 立方米	
辅助生产车间耗用	锅炉车间	耗用量	10 000 小时		
		分配金额 / 元	25 000		25 000
	机修车间	耗用量		1 000 立方米	
		分配金额 / 元		4 000	4 000
	分配金额小计 / 元		25 000	4 000	29 000
基本生产车间耗用	一车间	耗用量	80 000 小时	5 100 立方米	
		分配金额 / 元	200 000	20 400	220 400
	二车间	耗用量	70 000 小时	3 900 立方米	
		分配金额 / 元	175 000	15 600	190 600
	分配金额小计 / 元		375 000	36 000	411 000
按计划成本分配金额合计 / 元			400 000	40 000	440 000
辅助生产实际成本 / 元			484 000	70 000	554 000
辅助生产成本差异 / 元			+84 000	+30 000	+114 000

所以该业务应编制的会计分录为：

（1）按计划成本分配

借：生产成本——辅助生产成本——机修车间　　　　4 000

　　　　　　　　　　　　　　——锅炉车间　　　　25 000

　　制造费用——第一车间　　　　　　　　　　　220 400

　　　　　　——第二车间　　　　　　　　　　　190 600

　　贷：生产成本——辅助生产成本——机修车间　　　　400 000

　　　　　　　　　　　　　　　　——锅炉车间　　　　40 000

（2）将辅助生产成本差异计入管理费用

借：管理费用　　　　　　　　　　　　　　　　114 000

　　贷：生产成本——辅助生产成本——机修车间　　　　84 000

3.8　顺序分配法

成本会计里的顺序分配法是按照辅助生产车间受益多少的顺序分配生产费用，受益少的先分配，受益多的后分配。先分配的辅助生产车间不负担后分配的辅助生产车间的生产费用。如图3-4所示。

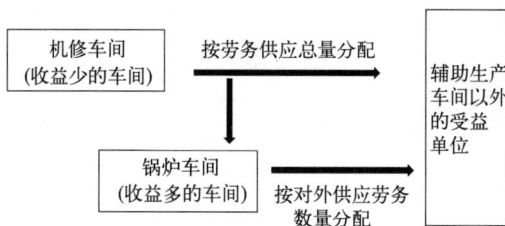

图3-4　顺序分配法

它适用于各辅助生产车间之间相互受益程度有明显顺序的企业。

【案例3.7】顺序分配法分配辅助生产费用

金蚂蚁制造公司辅助生产车间的制造费用不通过"制造费用"科目核算，直接记入"辅助生产成本"科目。该公司锅炉和机修两个辅助生产车间之间相互提供产品和劳务。锅炉车间的成本按供汽量比例分配，机修车间的修理费用按修理工时比例进行分配。该公司2022年1月有关辅助生产成本的资料参见表3-3。

机修车间耗汽费用=锅炉车间待分配费用÷供应劳务量×机修车间耗用劳务产品数量=45 000÷10 000×1 000=4 500（元）

锅炉车间修理费用=机械车间待分配费用÷供应劳务量×锅炉车间耗用劳务产品数量=480 000÷160 000×10 000=30 000（元）

由于机修车间耗汽费用<锅炉车间修理费用，因此，机修车间应先分配费用。

（1）分配修理费用

分配率=机修车间待分配费用÷劳务数量=480 000÷160 000=3

锅炉车间修理费＝分配率 × 锅炉车间劳务数量＝3×10 000＝30 000（元）

一车间修理费＝分配率 × 一车间耗用数量＝3×80 000＝240 000（元）

二车间修理费＝分配率 × 二车间耗用数量＝3×70 000＝210 000（元）

分配金额合计＝锅炉车间修理费 ＋ 一车间修理费 ＋ 二车间修理费

＝30 000+240 000+210 000＝480 000（元）

（2）计算供汽费用

供汽费用合计＝锅炉车间待分配费用 ＋ 分配修理费用＝45 000+30 000＝75 000（元）

（3）分配供汽费用

分配率＝供汽费用合计 ÷ 劳务数量＝75 000÷（5 100+3 900）＝8.33

一车间耗汽费＝分配率 × 一车间耗用数量＝8.33×5 100＝42 483（元）

二车间耗汽费＝分配率 × 二车间耗用数量＝8.33×3 900＝32 517（元）

分配金额合计＝一车间耗汽费 ＋ 二车间耗汽费＝42 483+32 517＝75 000（元）

编制的辅助生产成本分配表如表3-7所示。

表3-7 辅助生产成本分配表（顺序分配法）

会计科目	生产成本——辅助生产成本						制造费用				分配金额合计/元
	机修车间			锅炉车间			一车间		二车间		
车间部门	劳务数量/小时	待分配费用/元	分配率	劳务数量/立方米	待分配费用/元	分配率	耗用数量/小时	耗用金额/元	耗用数量/小时	耗用金额/元	
	160 000	480 000		10 000	45 000						
分配修理费用	160 000	480 000	3	10 000	30 000		80 000	240 000	70 000	210 000	480 000
供汽费用合计					75 000						
分配供汽费用	9 000			—		8.33	5 100	42 483	3 900	32 517	75 000
分配金额合计								282 483		242 517	525000

所以该业务应编制的会计分录为：

（1）分配修理费用

借：生产成本——辅助生产成本——锅炉车间 30 000

  制造费用——第一车间 240 000

    ——第二车间 210 000

  贷：生产成本——辅助生产成本——机修车间 480 000

（2）分配供汽费用

借：制造费用——第一车间 42 483

    ——第二车间 32 517

  贷：生产成本——辅助生产成本——锅炉车间 75 000

3.9　成本会计里的"数学"——代数分配法

代数分配法是先根据解联立方程的原理，计算辅助生产劳务或产品的单位成本，然后根据各受益单位耗用的数量和单位成本分配辅助生产费用。这种方法的分配结果最准确，但其计算工作比较复杂。

【案例3.8】代数分配法分配辅助生产费用

金蚂蚁制造公司辅助生产车间的制造费用不通过"制造费用"科目核算，直接记入"辅助生产成本"科目。该公司锅炉和机修两个辅助车间之间相互提供产品和劳务。锅炉车间的成本按供汽量比例分配，机修车间的修理费用按修理工时比例进行分配。该公司2022年1月有关辅助生产成本的资料参见表3-3。

假设每小时修理成本为X，每立方米供汽成本为Y。

分配根据公式（1）、公式（2）设方程：

机修车间费用总额＋锅炉车间分入费用＝机修车间总工时×每小时修理成本 （1）

锅炉车间费用总额＋机修车间分入费用＝锅炉车间总供汽量×每立方米供汽成本 （2）

$480\ 000+1\ 000Y=160\ 000X$

$45\ 000+10\ 000X=10\ 000Y$

解得：$X=3.047$；$Y=7.547$

进而求得辅助生产车间及基本生产耗用的分配金额。

锅炉车间分配金额＝耗用量×实际单位成本（修理成本）

$$=10\ 000\times3.047=30\ 470\ (\text{元})$$

机修车间分配金额＝耗用量 × 实际单位成本（供汽成本）
$$=1\ 000\times7.547=7\ 547\ (\text{元})$$

一车间分配金额（机修车间）＝耗用量 × 实际单位成本（修理成本）
$$=80\ 000\times3.047=243\ 760\ (\text{元})$$

一车间分配金额（锅炉车间）＝耗用量 × 实际单位成本（供汽成本）
$$=5\ 100\times7.547=38\ 489.70\ (\text{元})$$

一车间分配金额合计＝一车间分配金额（机修车间）＋一车间分配金额（锅炉车间）=243 760+38 489.70=282 249.70（元）

二车间分配金额（机修车间）＝耗用量 × 实际单位成本（修理成本）
$$=70\ 000\times3.047=213\ 290\ (\text{元})$$

二车间分配金额（锅炉车间）＝耗用量 × 实际单位成本（供汽成本）
$$=3\ 900\times7.547=29\ 433.30\ (\text{元})$$

二车间分配金额合计＝二车间分配金额（机修车间）＋二车间分配金额（锅炉车间）=213 290+29 433.30=242 723.30（元）

机修车间分配金额合计＝锅炉车间分配金额＋一车间分配金额（机修车间）＋二车间分配金额（机修车间）=30 470+243 760+213 290=487520（元）

锅炉车间分配金额合计＝锅炉车间分配金额＋一车间分配金额（锅炉车间）＋二车间分配金额（锅炉车间）=7 574+38 489.70+29 433.30=75 470（元）

编制的辅助生产成本分配表如表 3-8 所示。

表 3-8　辅助生产成本分配表（代数分配法）

辅助生产车间名称			机修车间	锅炉车间	合计
待分配辅助生产费用 / 元			480 000	45 000	525 000
供应劳务数量			160 000 小时	10 000 立方米	
用代数算出的实际单位成本			3.047	7.547	
辅助生产车间耗用	锅炉车间	耗用量 / 小时	10 000		
		分配金额 / 元	30 470		30 470
	机修车间	耗用量 / 立方米		1 000	
		分配金额 / 元		7 547	7 547
	分配金额小计 / 元		30 470	7 547	38 017

辅助生产车间名称			机修车间	锅炉车间	合计
基本生产 生产耗用	一车间	耗用量	80 000 小时	5 100 立方米	
		分配金额 / 元	243 760	38 489.70	282 249.70
	二车间	耗用量	70 000 小时	3 900 立方米	
		分配金额 / 元	213 290	29 433.30	242 723.30
	分配金额小计 / 元		457 050	67 923	
合计 / 元			487 520	75 470	562 990

所以该业务应编制的会计分录为：

借：生产成本——辅助生产成本——机修车间　　　　　　7 547

　　　　　　　　　　　　　　——锅炉车间　　　　　　30 470

　　制造费用——第一车间　　　　　　　　　　　　282 249.7

　　　　　　——第二车间　　　　　　　　　　　　242 723.3

　　贷：生产成本——辅助生产成本——机修车间　　　　　　487 520

　　　　　　　　　　　　　　　——锅炉车间　　　　　　75 470

> 除直接分配法外，其他方法中"辅助生产成本"科目的发生额合计都大于原来待分配费用合计数（480 000+45 000），这是由于辅助生产费用交互分配而相互转账引起的。但各种方法最后分配到其他各受益单位的辅助生产费用的合计数，都仍然是待分配费用合计数。

成本现场：微信聊天记录之成本分配

梨子："群里有成本会计吗？想问一下成本应该怎么分配？"

鱼姐："按工时，按产量，按产值……总之是大家认可的标准。"

梨子："那我按销售价格分配可以吗？"

鱼姐："这个书上理论没讲到。"

恋花："这个倒是第一次听说。"

星星："我也犯愁，不懂怎么算成本。"

鱼姐："到车间去，先大体了解下产品的生产流程。"

梨子："我们主要是生产月饼，也有其他的糕点之类的，生产流程嘛，我只到仓库转过，准备明天到车间转两圈。现在看以前会计留下来的表格，看表格里的公式，它是按销售价格进行料工费的分配的。"

星星："我是刚毕业的，这里请教大家能给指点一二，不胜感激。"

鱼姐："生产月饼吗，正好，我昨晚听了一节课，是关于包子的成本核算的，跟你的月饼差不多吧。"

虽说鱼姐已经是资深老会计了，但她总坚持每晚学习财税。

梨子："那它是怎么分配的呢？"

"按 BOM 表。课件的案例是生产猪肉包子的。其用料，如表 3-9（也就是BOM 表）所示。

表 3-9 包子 BOM 表

序号	材料	重量	单价	金额
1	面粉	1.5 两	0.4 元 / 两	0.60
2	猪肉	0.15 两	3 元 / 两	0.45
3	葱花	0.1 两	0.2 元 / 两	0.02
合计				1.07

包子完工，实际做了包子 1000 个，根据 BOM 表，1000 个包子需要面粉150 斤❶（1000×1.5 两）、猪肉 15 斤（1000×0.15 两）、葱花 10 斤（1000×0.1 两）。

假设加权平均法后的单价如 BOM 表所示。那么完工的包子所需要的直接材料如表 3-10 所示。

表 3-10 包子直接材料

序号	材料	重量	单价	金额
1	面粉	1 500 两	0.4 元 / 两	600.00
2	猪肉	150 两	3 元 / 两	450.00
3	葱花	100 两	0.2 元 / 两	20.00
合计				1 070.00

这里只是考虑了直接材料，还有工人工资和制造费用两部分，全部由当月1 000 个成品包子来承担，而揉好的面团、擀好的面皮、没有入笼的包子等在制品不分摊工资和制造费用，只分担原材料（假设本月领用原材料 1 300 元，直接人工为 1 500 元，制造费用为 250 元）。

在制品成本 = 月初在制品 + 本月领用原材料 − 本月完工包子所消耗的原材料

$$=0+1\ 300−1\ 070=230（元）\tag{1}$$

完工包子总成本 = 消耗的原材料成本 + 生产成本（直接人工）+ 生产成本（制

---

❶ 1 斤 =0.5 千克 =10 两。

造费用）=1 070+1 500+250=2 820（元）

在制品成本＝直接材料＋直接人工＋制造费用－完工包子总成本

$\qquad$=1 300+1 500+250-2 820=230（元）[这里的在制品成本与公式

（1）中的在制品成本是一样的]

单位包子的成本＝完工包子总成本÷完工包子数量=2820÷1000=2.82（元/个）

这个就是按 BOM 表分配的案例。大多数是按工时分配的。"

鱼姐总说自己没做过成本，但是说得比书上通俗多了。

鱼姐："你先到车间了解一下生产流程，然后找出它的料、工、费。

料，也就是各个品种的月饼需要多少原材料，比如常见的五仁月饼，原材料为面粉、食用油、五仁（核桃仁、杏仁、花生仁、瓜子仁、芝麻仁）等。搜集好这些原材料各需要多少克（统一的单位），制成 BOM 表，然后月末根据成品入库可以核算出实际耗用了多少原材料。

工，就是人工。人工有计件的，也有计时的。这个根据企业具体情况定。最后核算出生产每种产品需要多少人工（工资）。

费，就是需要多少费用，如水电费、机器折旧、管理人员工资等不能具体到某种产品的费用。

至于工、费如何分配也要看企业的情况。一般按工时，原始的方法就是拿着秒表掐，看某种月饼从最开始的揉面，到最后的成品包装，需要多少时间。

说了这么多，希望你能听明白。"

梨子："听姐一席话，胜看十页书。我好像懂了好多了。"

小雪："何止十页书啊，鱼姐就是教科书。"

第4章
成本核算中的"三大"方法

在成本核算中,有两个三大,前面章节已经介绍了其中一个"三大",即归集需要的料、工、费。本章要介绍的是成本核算的三大方法。

先通过表 4-1 来简单了解这三种方法。

表 4-1　成本核算的三大方法

产品成本计算方法	成本计算对象	生产类型		
		生产组织特点	生产工艺特点	成本计算
品种法	产品品种	大量大批生产	单步骤生产	
			多步骤生产	不要求分步计算成本
分批法	产品批别	单件小批生产	单步骤生产	
			多步骤生产	不要求分步计算成本
分步法	生产步骤	大量大批生产	多步骤生产	要求分步计算成本

此外，在产品的品种、规格繁多的工业企业中，为简化成本计算，可采用分类法；在定额管理工作有一定基础的工业企业中，为配合和加强生产费用和产品成本的定额管理，也可采用定额法。

4.1　产品种类多怎么算？

在生产制造企业，只生产一种产品的企业并不多，即使有也存在按规格型号区分，所以有了以产品品种作为成本核算对象，归集和分配生产成本来计算产品成本的品种法。该方法一般适用于单步骤、大量生产的企业，如发电、供水、采掘等行业。

在这种类型的生产中，产品的生产过程不能从技术上划分步骤，比如企业或车间的规模较小，或者车间是封闭的，也就是从材料投入到产品产出的全部生产过程都是在一个车间内进行的，或者生产按流水线组织，管理上不要求按照生产步骤计算产品成本，都可以按照品种计算产品成本。

这种方法的成本核算对象是产品的"品种"，如果企业只生产一种产品，那么全部生产成本都是直接成本，可直接计入该产品生产成本明细账的有关成本项目中，在各种成本核算对象之间不存在分配成本的问题。如果生产多种产品，间接生产成本则要采用适当的方法，在各成本核算对象之间进行分配。如图 4-1 所示。

品种法一般要定期（每月月末）计算产品成本，且月末一般不存在在产品，如果有在产品，要将生产成本在完工产品和在产品之间进行分配。

品种法成本核算的一般程序如图 4-2 所示。

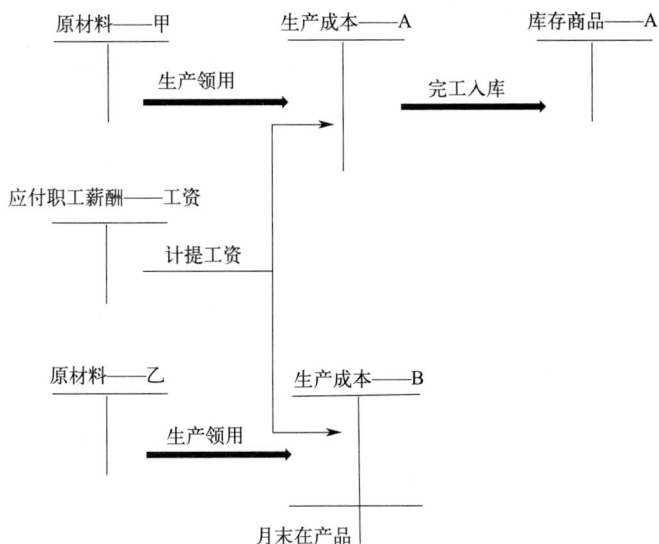

图 4-1 品种法（多产品）

(1)	按产品品种设立成本明细账，根据各项费用的原始凭证及相关资料编制有关记账凭证并登记有关明细账，并编制各种费用分配表分配各种要素费用
(2)	根据上述各种费用分配表和其他有关资料，登记辅助生产明细账、基本生产明细账、制造费用明细账等
(3)	根据辅助生产明细账编制辅助生产成本分配表，分配辅助生产成本
(4)	根据制造费用明细账编制制造费用分配表，在各种产品之间分配制造费用，并据以登记基本生产成本明细账
(5)	根据各产品基本生产成本明细账编制产品成本计算单，分配完工产品成本和在产品成本
(6)	编制产成品的成本汇总表，结转产成品成本

图 4-2 品种法成本核算的一般程序

4.2 为什么分批法又叫订单法?

分批法,是指以产品的批别作为产品成本核算对象,归集和分配生产成本,计算产品成本的一种方法。这种方法主要适用于单件、小批生产的企业,如造船、重型机器制造、精密仪器制造等,也可用于一般企业中的新产品试制或试验的生产、在建工程以及设备修理作业等。

这种方法的成本核算对象是产品的批别。由于产品的批别大多是根据销货订单确定的,因此这种方法又称订单法。

产品成本的计算是与生产任务通知单的签发和结束紧密配合的,因此产品成本计算是不定期的。也就是说,这种方法的成本计算期与产品生产周期基本一致,但与财务报告期不一致。

由于成本计算期与产品的生产周期基本一致,因此,在计算月末在产品成本时,一般不存在在完工产品和在产品之间分配成本的问题。

分批法成本核算的一般程序如图4-3所示。

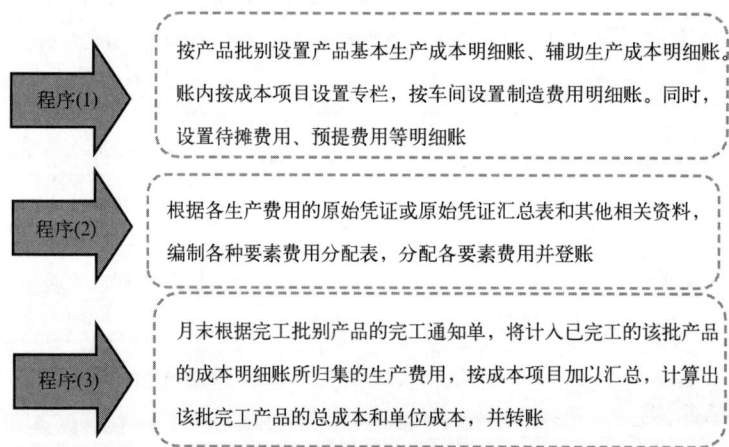

程序(1) 按产品批别设置产品基本生产成本明细账、辅助生产成本明细账,账内按成本项目设置专栏,按车间设置制造费用明细账。同时,设置待摊费用、预提费用等明细账

程序(2) 根据各生产费用的原始凭证或原始凭证汇总表和其他相关资料,编制各种要素费用分配表,分配各要素费用并登账

程序(3) 月末根据完工批别产品的完工通知单,将计入已完工的该批产品的成本明细账所归集的生产费用,按成本项目加以汇总,计算出该批完工产品的总成本和单位成本,并转账

图4-3 分批法成本核算的一般程序

分批法条件下,月末完工产品与在产品之间的费用分配有如表4-2所示的几种情况。

分批法还有一种"简化"了的方法,也就是在产品完工前,账内只按月登记直接计入的费用和生产工时,只有在有完工产品的月份,才按照其累计工时的比例分配间接计入的费用,计算、登记各该批完工产品成本。即在各批产品之间分配间接费用以及完工与在产之间分配费用，均利用累计间接费用分配率。不过这种方法只适用于各月间接费用水平稳定时；月末未完工产品的批数较多、已完工批数较少的产品，在各月间接费用水平相差悬殊，以及月末未完工产品的批数不多的情况下不宜采用。

表 4-2　分批法下月末完工产品与在产品间的费用分配情况

情况	内容
如果是单件生产	产品完工以前，产品成本明细账所记的生产费用都是在产品成本；产品完工时，产品成本明细账所记的生产费用，就是完工产品成本，因而月末计算成本时，在完工产品与在产品之间不存在分配费用的问题
如果是小批生产	批内产品一般都能同时完工，在月末计算成本时，或是全部已经完工，或是全部没有完工，因而一般在完工产品与在产品之间也不存在分配费用的问题
如果批内产品跨月陆续完工	这时就要在完工产品与在产品之间分配费用

4.3　分步法

分步法，是指按照生产过程中各个加工步骤（分品种）为成本核算对象，归集和分配生产成本，计算各步骤半成品和最后产成品成本的一种方法。这种方法适用于大量大批的多步骤生产，如冶金、纺织、机械制造等。在这类企业中，产品生产可以分为若干个生产步骤的成本管理，通常不仅要求按照产品品种计算成本，而且还要求按照生产步骤计算成本，以便为考核和分析各种产品及各生产步骤的成本计划的执行情况提供资料。

分步法的成本核算对象是各种产品的生产步骤。月末为计算完工产品成本，还需要将归集在生产成本明细账中的生产成本在完工产品和在产品之间进行分配。除了按品种计算和结转产品成本外，还需要计算和结转产品的各步骤成本。其成本核算对象，是各种产品及其所经过的各个加工步骤。如果企业只生产一种产品，则成本核算对象就是该种产品及其所经过的各个生产步骤。其成本计算期是固定的，与产品的生产周期不一致。

各生产步骤成本的计算和结转，一般采用逐步结转和平行结转两种方法，称为逐步结转分步法和平行结转分步法。

4.3.1 逐步结转分步法

逐步结转分步法是为了分步计算半成品成本而采用的一种分步法，也称计算半成品成本分步法。它是按照产品加工的顺序，逐步计算并结转半成品成本，直到最后加工步骤完成才能计算产成品成本的一种方法。其流程如图4-4所示。

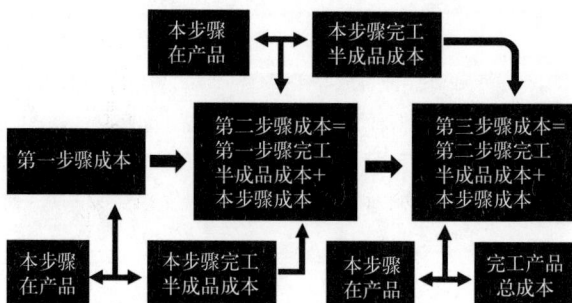

图4-4　逐步结转分步法流程图

逐步结转分步法的优缺点如表4-3所示。

表4-3　逐步结转分步法的优缺点

优点	缺点
（1）能提供各个生产步骤的半成品成本资料； （2）为各生产步骤的在产品实物管理及资金管理提供资料； （3）能够全面反映各生产步骤的生产耗费水平，更好地满足各生产步骤成本管理的要求	成本结转工作量较大，各生产步骤的半成品成本如果采用逐步综合结转方法，还要进行成本还原，增加了核算的工作量

逐步结转分步法按照成本在下一步骤成本计算单中的反映方式，还可以分为综合结转和分项结转两种方法，如表4-4所示。

表4-4　逐步结转分步法的两种方法

项目	综合结转法	分项结转法
概念	指上一步骤转入下一步骤的半成品成本，即综合列入下一步骤的成本计算单中。如果半成品通过半成品库收发，由于各月所生产的半成品的单位成本不同，因而所耗半成品的单位成本可以如同材料核算一样，采用先进先出法或加权平均法计算	指按产品加工顺序，将上一步骤半成品成本按原始成本项目分别转入下一步骤成本计算单中相应的成本项目内，逐步计算并结转半成品成本，直到最后加工步骤计算出产成品成本的一种逐步结转分步法

项目	综合结转法	分项结转法
程序	将上一步骤转入下一步骤的半成品成本，以"直接材料"或专设的"半成品"项目综合列入下一步骤的成本计算单中。下一步骤的"直接材料"或"半成品"包括了前一步骤投入的直接材料、直接人工和制造费用。因此，最后一步的"直接材料"或"半成品"需要进行成本还原，将其分解为"直接材料""直接人工"和"制造费用"，以反映产品成本真实构成	上一步骤转入下一步骤的半成品成本，按照成本构成分别计入下一步骤的成本计算单中，即半成品耗用的直接材料计入下一步骤"直接材料"，半成品耗用的直接人工费用计入下一步骤的"直接人工"，半成品耗用的制造费用计入下一步骤的"制造费用"，因此最后步骤的产品成本直接反映产品成本真实构成，无须进行成本还原

图例栏（综合结转法）：

第一车间	直接材料 200	直接人工 50	制造费用 20	完工半成品 270	本步骤在产品 0
第二车间	直接材料 270	直接人工 50	制造费用 20	完工半成品 340	本步骤在产品 0
第三车间	直接材料 340	直接人工 50	制造费用 20	完工半成品 410	本步骤在产品 0

成本还原：料：200 工：100 费 40
还原后实际：料：200 工：150 费：60

图例栏（分项结转法）：

第一车间	直接材料 200	直接人工 50	制造费用 20	完工半成品 270	本步骤在产品 0
第二车间	直接材料 200+0	直接人工 50+50	制造费用 20+20	完工半成品 340	本步骤在产品 0
第三车间	直接材料 200+0+0	直接人工 50+50+50	制造费用 20+20+20	完工半成品 410	本步骤在产品 0

4.3.2 平行结转分步法

平行结转分步法也称不计算半成品成本分步法。它是指在计算各步骤成本时，不计算各步骤所产半成品的成本，也不计算各步骤所耗上一步骤的半成品成本，而只计算本步骤发生的各项其他成本，以及这些成本中应计入产成品的份额，将相同产品的各步骤成本明细账中的这些份额平行结转、汇总，即可计算出该种产品的产成品成本。如图4-5所示。

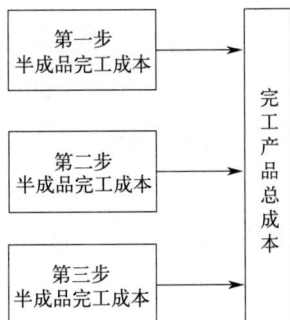

图4-5 平行结转分步法

平行结转分步法的优缺点如表 4-5 所示。

表 4-5　平行结转分步法的优缺点

优点	缺点
（1）各步骤可以同时计算产品成本，平行汇总计入产成品成本，不必逐步结转半成品成本； （2）能够直接提供按原始成本项目反映的产成品成本资料，不必进行成本还原，因而能够简化和加速成本计算工作	（1）不能提供各个步骤的半成品成本资料； （2）在产品的费用在产品最后完成以前，不随实物转出而转出，即不按其所在的地点登记，而按其发生的地点登记，因而不能为各个生产步骤在产品的实物和资金管理提供资料； （3）各生产步骤的产品成本不包括所耗半成品费用，因而不能全面地反映各该步骤产品的生产耗费水平（第一步骤除外），不能更好地满足这些步骤成本管理的要求

两种分步法的总结如图 4-6 所示。

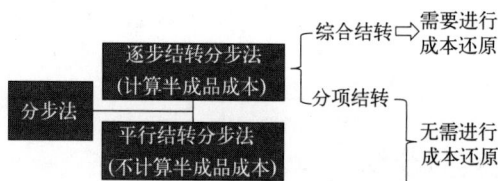

图 4-6　分步法分类

对于逐步结转分步法下的综合结转法是需要进行成本还原的。那什么是成本还原呢？

成本还原是将产成品成本中以综合项目反映的自制半成品成本（直接材料）按照其原始构成分解为直接材料、直接人工、制造费用等，以反映产品成本的原始构成情况的方法。

那为什么要进行成本还原呢？这是因为在逐步结转分步法下，成本计算单中所记录的各生产步骤的产品成本中，直接人工、制造费用等成本项目的成本是本步骤发生的，所消耗的前面生产步骤的半成品成本（直接材料）全部集中反映在半成品成本（直接材料）项目（一般在各步骤的产品成本计算单中增设"半成品"项目，专门反映上一步骤转入的半成品成本，视同为本步骤的直接材料，而不必按成本项目分别累积；但是该项目需与本步骤发生的直接材料分开列示）中，无法直接反映出各生产步骤生产半成品和产成品所消耗的直接材料、直接人工、制造费用等的具体构成情况。当管理上需要了解产品成本的构成情况，并要求提供按原始成本项目反映成本资料时，就需要通过成本还原提供产品成本原始构成情况的信息。成本还原工作通常出现在采用逐步结转分步法（而且是综合结转法）计算产品成本的企业中。

成本还原方法的原理是假定产成品成本中的半成品成本（直接材料）的构成（即各成本项目的比重）与本期生产完工的同种半成品的成本构成相同。还原时，先计算出本期生产完工的半成品成本中各成本项目的比重，并用该比重分别乘以产成品成本中的自制半成品成本（直接材料），计算出半成品成本中包括的直接材料、直接人工、制造费用等。将分解出来的各成本项目金额与最后生产步骤的自制半成品成本（直接材料）项目以外的各成本项目一一对应相加，即可得到按成本原始构成的产成品成本。

4.4 成本核算的其他方法

成本核算的方法不止有一种。企业产品成本计算方法除品种法、分批法和分步法等基本方法外，还有分类法和定额法等辅助方法。由于生产特点和管理要求不同，企业可能采用不同的方法计算产品成本。实际工作中，在一个工业企业中，不同的生产车间由于生产特点和管理要求不同，可能同时采用不同的成本计算方法；即使是同一车间的不同产品，企业也可能采用不同的成本计算方法。

① 同一企业不同车间同时采用不同的成本计算方法

工业企业一般都有基本生产车间和辅助生产车间。基本生产车间和辅助生产车间的生产类型往往不同，因而采用的成本计算方法也往往不同。例如，纺织厂的纺纱和织布等基本生产车间，一般属于多步骤的大量生产，应采用分步法计算半成品纱和产成品布的成本，但厂内供电、供汽等辅助生产车间，属于单步骤大量生产，应采用品种法计算成本。

② 同一车间的不同产品同时采用不同的成本计算方法

即使是同一生产车间，由于产品不同，其生产类型不同，因而采用的成本计算方法也可能不同。例如，木器厂所产各种木器，有的已经定型，已大量大批生产，可以采用分步法计算成本，有的则正在试制，只能单件、小批生产，则应采用分批法计算成本。

③ 同一产品不同步骤、不同的半成品、不同的成本项目结合采用不同的成

本计算方法

即使是一种产品，其各个生产步骤、各种半成品、各个成本项目之间的生产特点和管理要求也可能不同，由此决定采用的成本计算方法也可能不同，需要将它们结合起来应用。

成本现场：人工都赚不到

小伊到工厂体验生活。

小伊："老板娘，做完这笔 16 300 的单，年前就没这些（手机）壳的单啦？"

老板娘："有单，但老板不敢接，担心年前做不完。"

许姐："全厂才三四十个工人，年底了，每笔订单都要赶货。我上个月差不多天天加班了。"

老板娘："今天总共做了多少呢？"

许姐："今天做得最少了，才 2 000 不到。"

老板娘："就算是 2 000，10 个人做，一个人做了 200。唉，连人工都赚不到呀。"

……

在微信群里，小伊问："像我们这种好几笔订单的，是不是用订单法呀？我算一下到底老板能赚多少？"

鱼姐："对呀。订单法，分批法，一样的。"

小伊："我先找料、工、费。料就是手机壳、皮、胶水、包装物（袋、纸箱），这些料我不知道成本价呀；工就是人工，像 16 300 的单，要四天完成，假如是 10 个人的话，每天每人 100 块来算，这单的人工就要 4 000 块；费就是房租和电费了，也不知道是多少。未知项目太多，人工费赚不赚到，还是算不出来。"

第 5 章
产成品与在产品的成本核算

可能做成本会计久了也会烦，每到月底都会催促车间统计报数据："有完没完？"这里的"有完没完"主要是指车间中有多少产品已完工，有多少未完工。

5.1 在产品的分类与核算方法

"有完"就是指完工产品，指的是已经完成全部生产过程，可以作为商品销售的产品。这里简单说一下"有完没完"中的"没完"。"没完"指的是没有完成全部生产过程，不能作为商品销售的产品，也就是我们常说的在产品（即正在生产中的产品）。在产品包括正在车间加工中的在产品和已经完成了某些步骤但还需要继续加工的半成品。如图 5-1 所示。

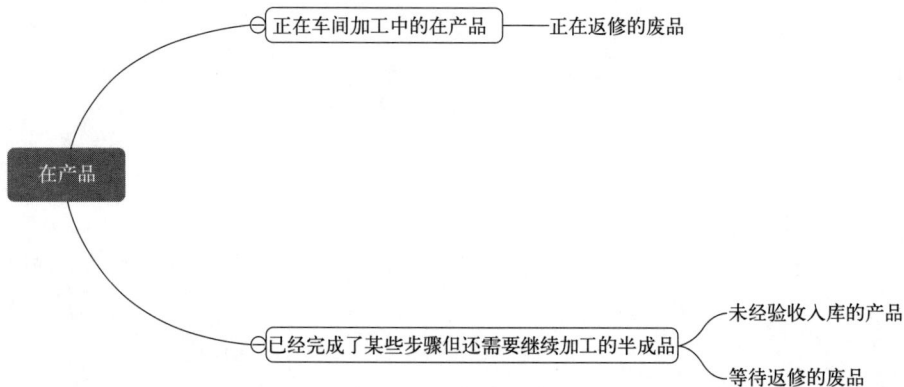

图 5-1　在产品范围

能够直接对外销售的自制半成品不在这个范围之内，办理好验收入库手续后即属于完工产品。

在产品在账上还是属于"生产成本"科目，只有验收入库的完工产品才属于"库存商品"科目（如图 5-2 所示）。所以在产品数量的核算在产品成本的核算中极为重要。

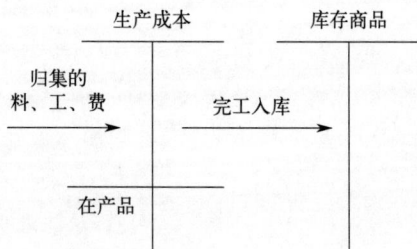

图 5-2　在产品和完工产品的 T 型账流程图

5.2　已完工与在产品的区分

我们前面说过的，生产费用如何归集，也应该如何分到对应的料、工、费里。但在成本核算的最后一关，该如何在完工产品和在产品之间进行分配呢？

先看一下生产成本的 T 型账（如图 5-3 所示），来了解它的分配原理。

生产成本

① 月初在产品成本	④ 本月完工产品成本
② 本月发生成本	
③ 月末在产品成本	

图 5-3　生产成本 T 型账

通过 T 型账，我们清楚了它的基本公式：

①月初在产品成本 + ②本月发生成本 = ③月末在产品成本 + ④本月完工产品成本

或：

①月初在产品成本 + ②本月发生成本 − ③月末在产品成本 = ④本月完工产品成本

分配完工产品和在产品，最简单的方法就是不计算在产品成本法，它适用于月末在产品数量很少的产品，即：

月末在产品成本 =0；本月完工产品成本 = 本月发生的产品生产费用

除了不计算在产品成本法这种最简单的方法外，还有以下几种方法。

5.2.1　在产品按固定成本计价法

在产品按固定成本计价法适用于月末在产品数量较多，但各月间在产品数量变化不大或月末在产品数量较少的产品。此方法的计算公式为：

月末在产品成本 = 年初固定数

本月完工产品成本 = 本月发生的产品生产费用

采用这种方法就要在年终时，根据实地盘点的在产品数量，重新调整计算在产品成本，以避免在产品成本与实际出入过大，影响成本计算的正确性。

5.2.2　在产品按所耗直接材料成本计价法

在产品按所耗直接材料成本计价法是指月末的在产品只分配直接材料费用，其他的"工""费"全部由完工产品负担（如表5-1所示）。这种方法适用于各月月末在产品数量较多，且各月在产品数量变化也较大，直接材料成本在生产成本中所占比重较大，而且材料是在生产开始时一次性全部投入的产品。

表5-1　在产品按所耗直接材料成本计价法计算公式

料	工、费
原材料分配率 =（月初在产品材料成本 + 本月发生材料成本）÷（完工产品产量 + 月末在产品产量） 完工产品应分配的材料成本 = 完工产品产量 × 原材料分配率 月末在产品应分配的材料成本 = 月末在产品产量 × 原材料分配率 【提示】由于此法适用于原材料是在生产开始时一次性全部投入的情况，所以原材料按完工和在产的数量分配	完工产品成本 = 本月发生费用 在产品成本 =0

5.2.3　约当产量比例法

约当产量比例法是将生产费用在完工产品与在产品之间分配的一种计算方法。它是根据月末在产品盘点的数量，用技术测定、定额工时消耗或凭借经验估计来确定它们的完工程度，再按完工程度，将在产品折合成产品的数量，然后将产品应计算的全部生产费用，按完工产品数量和在产品约当量进行计算，求出单位成本、完工产品成本和在产品成本。

这种方法适用于产品数量较多，各月在产品数量变动较大，且生产成本中直接材料成本和直接人工等加工成本的比重相差不大的产品。它在工业企业的成本核算中应用广泛。

约当产量比例法的计算过程如下：

① 计算在产品约当产量：把月末在产品的数量按其完工程度，折合成相当于完工产品的产量（即约当产量）。

$$月末在产品约当产量 = 月末在产品数量 × 完工程度$$

② 计算费用分配率：把完工产品的产量和在产品的"约当量"相加，构成"约当总产量"。再和发生的生产费用相除，得出费用分配率。

$$分配率（单位成本）= \frac{月初在产品成本 + 本月发生生产成本}{完工产品产量 + 月末在产品约当产量}$$

③ 求出在产品及完工产品成本：用分配率去乘完工产品产量和在产品约当

量，从而计算出完工产品应负担的成本和在产品应留存的成本。

$$完工产品成本 = 分配率 \times 完工产品产量$$

$$月末在产品成本 = 分配率 \times 月末在产品约当产量$$

【案例5.1】约当产量比例法的计算

金蚂蚁制造公司生产的A产品本月完工370台，在产品100台，平均完工程度为30%，发生生产成本合计为800 000元。

月末在产品约当产量 = 月末在产品数量 × 完工程度 =100×30%=30（台）

$$分配率（单位成本）= \frac{月初在产品成本 + 本月发生生产成本}{完工产品产量 + 月末在产品约当产量}$$

$$=800\ 000 \div （370+30）=2\ 000（元/台）$$

完工产品成本 = 分配率 × 完工产品产量 =2 000×370=740 000（元）

在产品成本 = 分配率 × 月末在产品约当产量 =2 000×30=60 000（元）

那么，这个完工程度应该如何计算呢？完工程度的计算包括料、工、费三个部分，这里先介绍工、费的完工程度计算。

（1）工、费完工程度的计算

对于工、费的完工程度，通常会用到累计工时法。其计算分为两种情况，如表5-2所示。

表5-2　工、费完工程度的计算

情况	计算公式
① 通常假定处于某工序的在产品只完成本工序的一半	某道工序完工程度 $= \dfrac{前面各道工序工时定额之和 + 本道工序工时定额 \times 50\%}{产品工时定额} \times 100\%$
② 如果特指了在产品所处工序的完工程度时	完工程度 $= \dfrac{前面各道工序工时定额之和 + 本道工序工时定额 \times 本道工序平均完工程度}{产品工时定额} \times 100\%$

注：若各工序在产品数量和单位工时定额相差不大，则在产品的完工程度也可按50%计算。

【案例5.2】完工程度的计算

金蚂蚁制造公司的B产品单位工时定额400小时，经两道工序制成。各工序单位工时定额为第一道工序160小时、第二道工序240小时。为简化核算，假定各工序内在产品完工程度平均为 50%。在产品完工程度计算结果如下：

第一道工序完工程度

$$= \frac{\text{前面各道工序工时定额之和} + \text{本道工序工时定额} \times 50\%}{\text{产品工时定额}} \times 100\%$$

$= （0+160 \times 50\%） \div 400 \times 100\% = 20\%$

第二道工序完工程度

$$= \frac{\text{前面各道工序工时定额之和} + \text{本道工序工时定额} \times \text{本道工序平均完工程度}}{\text{产品工时定额}} \times 100\%$$

$= （160+240 \times 50\%） \div 400 \times 100\% = 70\%$

（2）分配原材料完工程度

对于料的完工程度，可以分为原材料在生产时一次投入和原材料陆续投入两种情况。

当原材料在生产开始时一次投入时，无论在产品的完工程度如何，都应和完工产品负担同样的材料成本，即在产品原材料完工程度为 100%。

原材料陆续投入又分为两种情况，如表 5-3 所示。

表 5-3　原材料陆续投入的情况

情况	计算公式
① 分工序投入，但在每一道工序开始时一次投入	某工序在产品完工程度 $= \dfrac{\text{本工序累计消耗定额}}{\text{产品材料消耗定额}} \times 100\%$
② 分工序投入，但在每一道工序随加工进度陆续投入	某工序在产品完工程度 $= \dfrac{\text{前面各工序累计材料消耗定额} + \text{本工序材料消耗定额} \times 50\%}{\text{产品材料消耗定额}} \times 100\%$

【案例 5.3】完工和在产品的分配

金蚂蚁制造公司生产的 C 产品本月完工产品数量 3 000 个，在产品数量 400 个，完工程度按平均 50% 计算。材料在生产开始时一次投入，其他成本按约当产量比例分配。C 产品本月月初在产品和本月耗用直接材料成本共计 1 360 000 元，直接人工成本 640 000 元，制造费用 960 000 元。

C 产品各项成本的分配计算如下：

① 直接材料成本的分配。由于材料在生产开始时一次投入，因此应按完工产品和在产品的实际数量比例进行分配，不必计算约当产量。

完工产品应负担的直接材料成本 =1 360 000÷（3 000+400）×3 000=1 200

000（元）

在产品应负担的直接材料成本 =1 360 000÷（3 000+400）×400=160 000（元）

② 直接人工成本和制造费用均应按约当产量进行分配。

月末在产品约当产量 = 月末在产品数量 × 完工程度 =400×50%=200（个）

直接人工成本的分配：

完工产品应负担的直接人工成本 =640 000÷（3 000+200）×3 000=600 000（元）

在产品应负担的直接人工成本 =640 000÷（3 000+200）×200=40 000（元）

制造费用的分配：

完工产品应负担的制造费用 =960 000÷（3 000+200）×3 000=900 000（元）

在产品应负担的制造费用 =960 000÷（3 000+200）×200=60 000（元）

通过以上按约当产量法分配计算的结果，可以汇总 C 产品完工产品成本和在产品成本。

C 产品本月完工产品成本 =1 200 000+600 000+900 000=2 700 000（元）

C 产品本月在产品成本 =160 000+40 000+60 000=260 000（元）

编制的完工产品成本核算如表 5-4 所示。

表 5-4　完工产品成本核算表（C 产品）　　　　　　　　单位：元

项目	直接材料	直接人工	制造费用	合计
产成品	1 200 000	600 000	900 000	2 700 000
在产品	160 000	40 000	60 000	260 000
合计	1 360 000	640 000	960 000	2 960 000

因此，该业务（完工产品入库）应编制的会计分录为：

借：库存商品——C 产品　　　　　　　　　　　　　　　2 700 000

　　贷：生产成本——直接材料　　　　　　　　　　　　　1 200 000

　　　　　　——直接人工　　　　　　　　　　　　　600 000

　　　　　　——制造费用　　　　　　　　　　　　　900 000

5.2.4　在产品按定额成本计价法

在产品按定额成本计价法是将月末在产品的各项费用按各该费用定额计算。即月末在产品成本按其数量和单位定额成本计算，实际的生产费用与定额费用的差异均计入当月完工产品成本。此方法适用于各项消耗定额或成本定额比较准确、稳定，而且各月末在产品数量变化不是很大的产品。

此方法的计算公式如下：

月末在产品成本＝月末在产品数量×在产品单位定额成本

本月完工产品总成本＝（月初在产品成本＋本月发生产品生产成本）－月末在产品成本

5.2.5　定额比例法

定额比例法是以各种成本计算对象或同一成本计算对象的完工产品与月末在产品之间按照两者的定额消耗量或定额成本比例为标准，在不同成本计算对象之间或同一成本计算对象的完工产品与月末在产品之间分配生产费用的一种方法。通常，原材料费用采用材料消耗量定额比例分配，而工资费用及管理费用采用工时消耗量定额比例进行分配。

此种方法适用于各项消耗定额或成本定额比较准确、稳定，但各月末在产品数量变动较大的产品。

【案例 5.4】定额比例法的核算

金蚂蚁制造公司生产的 D 产品本月完工产品数量 300 个，在产品数量 40 个，单位产品定额消耗为材料 400 千克／个，工时 100 小时／个。单位在产品材料定额 400 千克，工时定额 50 小时。有关成本资料如表 5-5 所示。

表 5-5　成本资料　　　　　　单位：元

项目	直接材料	直接人工	制造费用	合计
期初在产品成本	400 000	40 000	60 000	500 000
本期发生成本	960 000	600 000	900 000	2 460 000
合计	1 360 000	640 000	960 000	2 960 000

按定额比例法计算在产品成本及完工产品成本的过程如下：

（1）按完工产品定额与在产品定额各占总定额的比例分配成本

完工产品直接材料定额消耗＝单位产品定额消耗 × 完工产品产量

＝400×300＝120 000（千克）

完工产品直接人工定额消耗＝单位产品定额消耗 × 完工产品产量

＝100×300＝30 000（小时）

完工产品制造费用定额消耗＝单位产品定额消耗 × 完工产品产量

＝100×300＝30 000（小时）

在产品直接材料定额消耗 ＝ 单位在产品定额 × 在产品数量

$$=400×40=16\ 000（千克）$$

在产品直接人工定额消耗 ＝ 单位在产品定额 × 在产品数量

$$=50×40=2\ 000（小时）$$

在产品制造费用定额消耗 ＝ 单位在产品定额 × 在产品数量

$$=50×40=2\ 000（小时）$$

（2）计算定额比例

在产品直接材料定额消耗比例 ＝ 在产品直接材料定额消耗 ÷（完工产品直接材料定额消耗 ＋ 在产品直接材料定额消耗）×100%

$$=16\ 000÷（120\ 000+16\ 000）×100%≈11.76%$$

在产品直接人工定额消耗比例 ＝ 在产品直接人工定额消耗 ÷（完工产品直接人工定额消耗 ＋ 在产品直接人工定额消耗）×100%

$$=2\ 000÷（30\ 000+2\ 000）×100%=6.25%$$

在产品制造费用定额消耗比例 ＝ 在产品制造费用定额消耗 ÷（完工产品制造费用定额消耗 ＋ 在产品制造费用定额消耗）×100%

$$=2\ 000÷（30\ 000+2\ 000）×100%=6.25%$$

完工产品直接材料定额消耗比例 ＝ 完工产品直接材料定额消耗 ÷（完工产品直接材料定额消耗 ＋ 在产品直接材料定额消耗）×100%

$$=120000÷（120\ 000+16\ 000）×100%≈88.24%$$

完工产品直接人工定额消耗比例 ＝ 完工产品直接人工定额消耗 ÷（完工产品直接人工定额消耗 ＋ 在产品直接人工定额消耗）×100%

$$=30\ 000÷（30\ 000+2\ 000）×100%=93.75%$$

完工产品制造费用定额消耗比例 ＝ 完工产品制造费用定额消耗 ÷（完工产品制造费用定额消耗 ＋ 在产品制造费用定额消耗）×100%

$$=30\ 000÷（30\ 000+2\ 000）×100%=93.75%$$

（3）分配成本

完工产品应负担的直接材料成本 ＝ 直接材料合计 × 完工产品直接材料定额消耗比例

$$=1\ 360\ 000×88.24%=1\ 200\ 064（元）$$

在产品应负担的直接材料成本 ＝ 直接材料合计 × 在产品直接材料定额消耗比例

$$=1\ 360\ 000×11.76%=159\ 936（元）$$

完工产品应负担的直接人工成本 ＝ 直接人工合计 × 完工产品直接人工定额消耗比例

$$=640\ 000\times93.75\%=600\ 000（元）$$

在产品应负担的直接人工成本 = 直接人工合计 × 在产品直接人工定额消耗比例

$$=640\ 000\times6.25\%=40\ 000（元）$$

完工产品应负担的制造费用 = 制造费用合计 × 完工产品制造费用定额消耗比例

$$=960\ 000\times93.75\%=900\ 000（元）$$

在产品应负担的制造费用 = 制造费用合计 × 在产品制造费用定额消耗比例

$$=960\ 000\times6.25\%=60\ 000（元）$$

通过以上按定额比例法分配计算的结果，可以汇总 D 产品完工产品成本和在产品成本。

D 产品本月完工产品成本 = 完工产品应负担的直接材料成本 + 完工产品应负担的直接人工成本 + 完工产品应负担的制造费用

$$=1\ 200\ 064+600\ 000+900\ 000=2\ 700\ 064（元）$$

D 产品本月在产品成本 = 在产品应负担的直接材料成本 + 在产品应负担的直接人工成本 + 在产品应负担的制造费用

$$=159\ 936+40\ 000+60\ 000=259\ 936（元）$$

编制的完工产品成本核算如表 5-6 所示。

表 5-6　完工产品成本核算表（D 产品）　　　　　　　单位：元

项目	直接材料	直接人工	制造费用	合计
产成品	1 200 064	600 000	900 000	2 700 064
在产品	159 936	40 000	60 000	259 936
合计	1 360 000	640 000	960 000	2 960 000

因此，该业务（完工产品入库）应编制的会计分录为：

借：库存商品——D 产品　　　　　　　　　　　　2 700 064

　　贷：生产成本——直接材料　　　　　　　　　　1 200 064

　　　　　　——直接人工　　　　　　　　　　　600 000

　　　　　　——制造费用　　　　　　　　　　　900 000

5.2.6　在产品按完工产品成本计价法

在产品按完工产品成本计价法即将在产品视同完工产品分配费用的方法，是将在产品视同已经完工的产品，按照月末在产品数量与本月完工产品数量的比例来分配生产费用，以确定月末在产品成本和本月完工产品成本的方法。

此方法适用于月末在产品已接近完工，或产品已经加工完毕但尚未验收或包装入库的情况。

【案例5.5】在产品按完工产品成本计价法的计算

金蚂蚁制造公司只生产一种产品，采用约当产量比例法将生产费用在完工产品与在产品之间进行分配，材料在产品投产时一次投入，月初在产品直接材料成本为10万元，当月生产耗用材料的成本为50万元，当月完工产品30件，月末在产品30件，完工程度60%。

本业务中，因为原材料在产品投产时一次投入，所以月末在产品中直接材料成本的完工程度是按照100%计算的，所以

本月完工产品成本中直接材料成本 =（10+50）÷（30+30）×30=30（万元）

5.3 "米克斯"应该怎么分？

"米克斯"？即MIX。本节将介绍MIX情况中的成本——联产品和副产品的成本分配。

首先了解一下联产品和副产品。

联产品是指使用同种原料，经过同一生产过程同时生产出来的两种或两种以上的主要产品。副产品则是指在同一生产过程中，使用同种原料，在生产主产品的同时附带生产出来的非主要产品。它们的区别如表5-7所示。

表5-7　联产品和副产品的区别

联产品	副产品
联产品都是企业的主要产品， 是企业生产活动的主要目标	副产品是企业的次要产品， 不是企业生产活动的主要目标
销售收入较高， 对企业收入有较大贡献	销售收入远小于主产品， 在企业收入中的比重很小
联产品之间：分配的方法	主副产品之间：扣除的方法
同时核算成本	先确定副产品，再确定主产品

在讨论联产品成本的计算之前，我们先来看看副产品的分配方法。

副产品首先采用简化方法确定其成本，然后从总成本中扣除，其余额就是主产品的成本。

$$主产品成本 = 总成本 - 副产品成本$$

确定副产品成本的方法有：不计算副产品成本扣除法、副产品成本按固定价格或计划价格计算法、副产品只负担继续加工成本法、联合成本在主副产品之间分配法以及副产品作价扣除法等。

【提示】副产品作价扣除法需要从产品售价中扣除继续加工成本、销售费用、销售税金及相应的利润。

$$副产品扣除单价 = 单位售价 - （继续加工单位成本 + 单位销售费用 + 单位销售税金 + 合理的单位利润）$$

如果副产品与主产品分离以后，还需要进一步加工，才能形成市场需要的产品。企业应根据副产品的进一步加工生产特点和管理要求，采用适当的方法单独计算副产品的成本。

【案例 5.6】副产品的核算

金蚂蚁农副产品公司在生产主要产品的同时，还生产了某种副产品。该种副产品可直接对外出售，该公司规定的售价为每千克 200 元。本月主产品和副产品发生的生产成本总额为 100 万元，副产品的产量为 300 千克。假定该公司按预先规定的副产品的售价确定副产品的成本，则：

$$副产品的成本 = 200 \times 300 = 60\ 000（元）$$

$$主产品的成本 = 1\ 000\ 000 - 60\ 000 = 940\ 000（元）$$

联产品成本计算过程如表 5-8 所示。

表 5-8　联产品成本计算过程

阶段	成本明细账的设置	成本计算内容
第一阶段 （分离前）	联合产品成本明细账	（1）将联产品作为成本核算对象设置成本明细账； （2）归集联产品成本，计算联合成本 【提示】一般不计算在产品成本，本期发生的生产成本＝联产品的完工产品成本
第二阶段 （分离后）	按产品分设产品成本明细账	（1）计算各种产品应分配的联合成本； （2）归集联产品分离后的进一步加工成本 【提示】各产品本月发生费用＝应分配的联合成本＋分离后的进一步加工成本

联产品加工成本的分配如表 5-9 所示。

表 5-9　联产品加工成本的分配

分配的统一公式	$联合成本分配率=\dfrac{待分配联合成本}{各联产品分配标准合计}$ 某联产品应分配联合成本 = 分配率 × 该产品分配标准	
具 体 分 配 方 法	相对销售价格分配法	$联合成本分配率=\dfrac{待分配联合成本}{A 产品分离点的总售价 +B 产品分离点的总售价}$ A 产品应分配联合成本 = 联合成本分配率 ×A 产品分离点的总售价 B 产品应分配联合成本 = 联合成本分配率 ×B 产品分离点的总售价 【提示】此法适用于联产品在分离点时销售价格能够可靠计量
	实物量分配法	$联合成本分配率=\dfrac{待分配联合成本}{A 产品实物数量 +B 产品实物数量}$ A 产品应分配联合成本 = 联合成本分配率 ×A 产品实物数量 B 产品应分配联合成本 = 联合成本分配率 ×B 产品实物数量

【案例 5.7】联产品的核算

核算一

金蚂蚁农贸公司在生产主要产品——甲产品的同时，附带生产出 P 产品，P 产品分离后需进一步加工后才能出售。2022 年 10 月共发生联合成本 160 000 元，其中直接材料 80 000 元、直接人工 40 000 元、制造费用 40 000 元。P 产品进一步加工发生直接人工费 2 000 元，制造费用 3 000 元。当月生产甲产品 1 000 千克并全部完工，P 产品 200 千克，P 产品的市场售价为 150 元/千克，单位税金和利润 50 元。

假定甲产品 10 月无月初在产品。根据资料，按 P 产品既要负担进一步加工成本，又要负担分离前联合成本的方法计算甲产品成本和 P 产品成本。

要求：副产品按作价扣除法分摊联合成本。

答案：

P 产品应负担的联合总成本 =200×（150–50）–（2 000+3 000）=15 000（元）

P 产品应负担的直接材料 =80 000×（15 000÷160 000）=7 500（元）

P 产品应负担的直接人工 =40 000×（15 000÷160 000）=3 750（元）

P 产品应负担的制造费用 =40 000×（15 000÷160 000）=3 750（元）

甲产品应负担的联合总成本 =160 000 –15 000=145 000（元）

甲产品应负担的直接材料 =80 000 –7 500=72 500（元）

甲产品应负担的直接人工 =40 000 –3 750=36 250（元）

甲产品应负担的制造费用 =40 000 –3 750=36 250（元）

副产品成本计算单

P 产品 　　　　　　　　　　2022 年 10 月 　　　　　　　　　金额单位：元

项目	直接材料	直接人工	制造费用	合计
分摊的联合成本	7 500	3 750	3 750	15 000
加工成本		2 000	3 000	5 000
总成本	7 500	5 750	6 750	20 000
单位成本	37.5	28.75	33.75	100

主产品成本计算单

甲产品 　　　　　　　　　　2022 年 10 月 　　　　　　　　　金额单位：元

项目	直接材料	直接人工	制造费用	合计
生产费用合计	80 000	40 000	40 000	160 000
P 产品负担的联合成本	7 500	3 750	3 750	15 000
甲产品负担的联合成本	72 500	36 250	36 250	145 000
甲产品单位成本	72.5	36.25	36.25	145

编制结转完工入库产品成本的会计分录如下：

借：库存商品——甲产品　　　　　　　　　　　　　145 000

　　　　——P 产品　　　　　　　　　　　　　　　20 000

　　贷：生产成本——基本生产成本　　　　　　　　　　165 000

核算二

金蚂蚁农产品公司生产 A、B 两种产品，A、B 产品为联产品。2022 年 3 月发生加工成本 900 万元，A 产品的售价总额为 800 万元，B 产品的售价总额为 1 200 万元。该公司采用相对销售价格分配法分配联合成本，则：

联合成本分配率 =900÷（800+1 200）=0.45

A 产品应分配联合成本 = 联合成本分配率 ×A 产品售价 =0.45×800=360（万元）

5.4　完工产品结转

对于完工产品的结转（入库），会涉及"库存商品"这一会计科目。

借方	库存商品	贷方
入库（完工）的库存商品		出库（销售）的库存商品
期末库存商品的计划成本或实际成本		

> 1405 库存商品
>
> 三、库存商品的主要账务处理
>
> （一）企业生产的产成品一般应按实际成本核算，产成品的入库和出库，平时只记数量不记金额，期（月）末计算入库产成品的实际成本。生产完成验收入库的产成品，按其实际成本，借记本科目、"农产品"等科目，贷记"生产成本""消耗性生物资产""农业生产成本"等科目。

企业完工产品经产成品仓库验收入库后，其成本应从"生产成本——基本生产成本"会计科目及所属产品成本明细账的贷方转出，转入"库存商品"会计科目的借方，"生产成本——基本生产成本"科目的月末余额，就是基本生产在产品的成本。

【案例 5.8】完工产品的核算

金蚂蚁公司生产的 A 产品期初（2022 年 1 月）在产品成本为 10 万元，2022 年 1 月发生的成本费用如下：生产领用材料 14 万元，生产车间工人工资 5 万元，制造费用 8 万元，管理费用 24 万元，财务费用 2 万元，销售费用 8 万元，月末在产品成本 8 万元。本月完工入库 100 件。

此业务中，本月生产成本合计 = 月初在产品成本（10）+ 本月料、工、费（14+5+8）=37（万元），本月完工产品成本 = 本月生产成本合计（37）- 月末在产品成本（8）=29（万元）。完工产品成本应从"生产成本——基本生产成本"会计科目及所属产品成本明细账的贷方转出，转入"库存商品"会计科目的借方。

因此，该业务应编制的会计分录为：

借：库存商品——A 产品　　　　　　　　　　　　　　 290 000

　　贷：生产成本　　　　　　　　　　　　　　　　　　　 290 000

该公司 1 月完工产品单位成本 = 完工产品成本 ÷ 完工入库数量 =290 000÷100=0.29（万元 / 件）

成本现场：完工没入库算不算完工？

星星："完工了没入库算不算完工产品？"

晨曦："算吧，都完工了还不算完工产品？"

无极："不算吧，你拿什么证明已经完工了呢？"

星星："完工的车间会出具检验合格单的呀，只不过单据还没流转到成品仓那边，30 号时货还在车间，货是 1 号拉的，入库单也写着 12 月 1 日，应该算是这个月完工吧。"

无极："那应该算是 12 月了。"

星星："那这样的话，这个月生产成本数据就很大了。一堆货都是 1 号才拉去仓库的。"

无极："那为什么 30 号那天不拉去呢？"

星星："那天下午停电，全厂放假，系统都用不了，只能等到 1 号才处理。"

无极："我们也遇到过这种情况，不过我们是手工填写入库单，所以单据的日期写到上月末。这样成本算得也更准确一些。"

鱼姐总是关注着会计微信群里的讨论。

鱼姐："这和银行存款中的'未达账项'有点类似。不过未达账项一般调表不调账。个人认为，这笔业务可以做个备注，弄个账实核对的表格，之后就可以解释为什么这个月的生产成本余额这么大了。今后尽量避免这种情况吧。

可以在'库存商品'一级科目下设置一个'已完工产品'二级科目，专门登记那些车间已经证明完工但仓库还未写入库单的商品。

车间证明完工，会计分录为：

借：库存商品——已完工产品

　　贷：生产成本

仓库入库，会计分录为：

借：库存商品——产成品

　　贷：库存商品——已完工产品"

星星："懂了，谢谢鱼姐，谢谢各位。"

第 6 章
销售成本的确认与计量

对于销售商品，也需要核算成本，这样才能知道销售商品是赚了还是亏了。那么，这一销售成本应该如何计算？账务处理时要附上哪些单据？遇到退货的情况又该如何进行成本核算？这些将在本章逐一介绍。

6.1 何谓销售成本?

什么是销售成本?简单来说,就是商品的本钱是多少。并且这个销售成本也是确定销售单价的重要参考之一。

前面提到的料、工、费的归集和分配主要适用于制造企业,而这里介绍的销售成本在其他行业同样存在,只是名称有的叫做"营业成本"。那么,销售成本应怎么核算呢?

销售成本的计算其实与第 1 章介绍的存货的计算类似,必要的话可以回顾一下相关内容,温故而知新。

销售成本的核算会涉及"主营业务成本"和"库存商品"两个会计科目。有时也会用到"其他业务成本"科目,这里对于这个科目不做详细讨论。

借方	主营业务成本	贷方
结转的主营业务成本	转至"本年利润"的主营业务成本	
期末无余额		

6401 主营业务成本

三、主营业务成本的主要账务处理

(一)期(月)末,企业应根据本期(月)销售各种商品、提供各种劳务等的实际成本,计算应结转的主营业务成本,借记本科目,贷记"库存商品""劳务成本"等科目。

采用计划成本或售价核算库存商品的,平时的营业成本按计划成本或售价结转,月末,还应结转本月销售商品应分摊的产品成本差异或商品进销差价。

本期(月)发生的销售退回,如已结转销售成本的,借记"库存商品"等科目,贷记本科目。

借方	库存商品	贷方
入库(完工)的库存商品	出库(销售)的库存商品	
期末库存商品的计划成本或实际成本		

1405 库存商品

三、库存商品的主要账务处理

对外销售产成品(包括采用分期收款方式销售产成品),结转销售成本时,借记"主营业务成本"科目,贷记本科目。

采用计划成本核算的,发出产成品还应结转产品成本差异,将发出产成品的计划成本调整为实际成本。

采用进价进行商品日常核算的，发出商品的实际成本，可以采用先进先出法、加权平均法或个别认定法计算确定。

采用售价核算的，还应结转应分摊的商品进销差价。

【案例 6.1】结转销售成本的账务处理

2022 年 1 月，金蚂蚁公司向甲公司销售商品一批，开出的增值税专用发票上注明价款 100 000 元，增值税 13 000 元，款项未结。同时结转其销售成本 80 000 元。

此业务中，结转销售成本 80 000 元，即借记“主营业务成本”会计科目，贷记“库存商品”会计科目。

因此，该业务应编制的会计分录为：

借：主营业务成本　　80 000

　　贷：库存商品　　80 000

6.2 销售单不是出库单

销售单和出库单是两码事，但它们之间也存在一定的联系。它们的相同点和不同点如表 6-1 所示。

表 6-1　销售单和出库单的异同

项目		销售单	出库单
相同点		名称、型号、数量相同	
不同点	金额不同	销售价	成本价
	开具依据不同	由销售部门根据销售合同开具	由仓库根据销售单发货并开具
	财务附件处理不同	销售收入业务的附件	结转成本业务的附件

除此之外，销售单和出库单在外观上也有区别，如图 6-1 和图 6-2 所示。

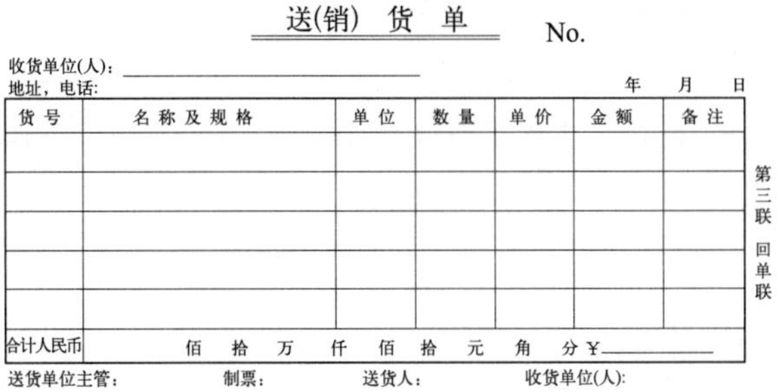
送(销) 货 单　No.

收货单位(人)：

地址，电话：　　年　月　日

货号	名称及规格	单位	数量	单价	金额	备注
合计人民币	佰 拾 万 仟 佰 拾 元 角 分 ¥					

第三联 回单联

送货单位主管：　制票：　送货人：　收货单位(人)：

图 6-1　销售单

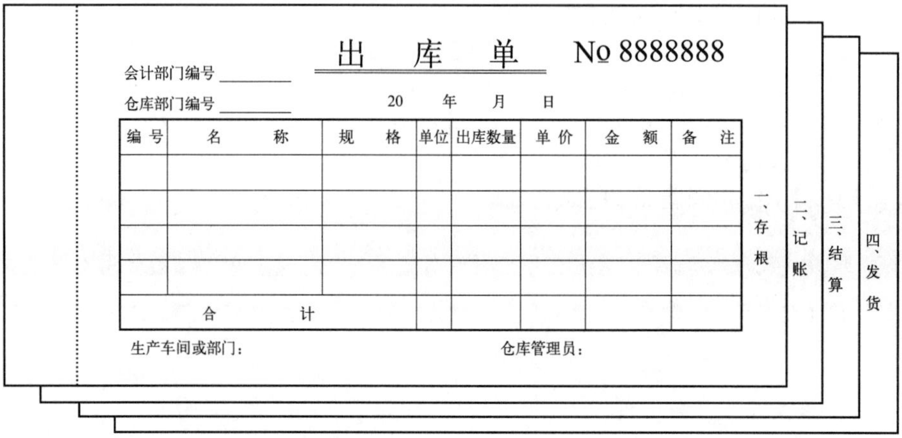

出　库　单　№ 8888888

会计部门编号 ________

仓库部门编号 ________　　20　年　月　日

编号	名称	规格	单位	出库数量	单价	金额	备注
合计							

生产车间或部门：　　　　仓库管理员：

一、存根　二、记账　三、结算　四、发货

图 6-2　出库单

6.3　销售成本核算表怎么编?

销售成本核算表用于在销售商品后结转其销售成本，这个成本的核算在第 1 章“发出存货的计算”中已有提及。在做结转销售成本这笔账务处理时，需以自编的销售成本核算表及成品仓提供的出库单等原始凭证作为附件。

已经掌握了生产成本核算表的编制，那么销售成本核算表的编制也不难。《销售成本核算表》主要包含数量、成本单价和成本金额三个内容，如表 6-2 所示。

表 6-2　销售成本核算表（简表）

品名	规格	单位	销售数量	成本单价	成本金额

这个表的填写很简单，即：品名、规格、单位三部分内容按实际情况填写；销售数量按对应“主营业务收入”会计科目的销售数量填写；成本单价按库存商品明细账中最后一笔余额中的单价来填列；成本金额即销售数量与成本单价的乘积。

当然，也可以根据成品仓进销存表的“销”部分进行修改编制。

6.4 退货成本如何核算?

退货的成本应该按照当时销售结转的成本计算，还是按照退货时的成本计算呢？举个例子，你现在计算出的成本是 100 元 / 件，而之前销售时的成本是 300 元 / 件。那么，如果你按现在的成本来核算的话……因此，退货的成本应按当时销售结转的成本计算。对于成本单价相差不大的企业，也可以按照退货时的成本进行计算。

退货的账务处理为：

借：库存商品

　　贷：主营业务成本

实际工作中，退货业务账务处理为：

借：库存商品（蓝字）

借：主营业务成本（红字）

成本现场：销售单和出库单数量不一致

"经理，为什么销售单的合计数和出库单的合计数不一致呢？"

"我一笔一笔核对过了，有两笔有出库单，但没有销售单。"

"问仓库，仓库那边说已经出库了。问销售部，他们说没开过销售单，应该还没销售。而且销售单财务都会留存一份，我这里也没有。"

"那你问过业务员没有？"

"打了几个电话，都不在服务区。微信留言了还没有回复。"

"你再想想。"

伊一知道经理心中已有答案，故意考验自己呢。

……

就在这时，鱼姐的 QQ 头像亮了，伊一仿佛找到了"救兵"。

"鱼姐帮帮忙！"

"怎么了？"

"我的销售单和出库单对不上，是什么原因呀？"

"要么是销售部门出错了，要么是仓库出错了。"

"都查过了，没有错误。还有别的原因吗？"

"那可能是销售部已经从仓库里领出商品了，但还没有真正销售。"

"那货哪去了？"

"你得问销售部或仓库，或者看看出库单上的经办人是谁就找谁。"

……

"我终于找到原因了，原来货是业务员领出来了，出差时带着帮客户更换零件的。那么这笔业务应该怎么处理呢？"

"看看会计准则中的'发出商品'会计科目吧。"

"好的，谢谢鱼姐！"

第 7 章
其他行业成本核算方法

▼

　　若想对成本会计有一个全面的了解，就不能局限于工业，还要体验一下其他行业的成本。我们平时提到的成本核算主要还是制造企业的成本核算，但是成本不仅仅是制造企业才有，其他行业也有自己特有的成本核算方法。本章将介绍常见的批发零售企业、房地产企业、建筑企业、餐饮企业和农业企业的成本核算。

7.1 售价金额核算法具体怎么算？（零售企业的成本核算）

售价金额核算法是零售企业常用的成本核算方法之一。在介绍这个核算法之前，需先了解批发零售企业的核算特点。

零售企业不存在产品生产成本的计算问题，其成本主要包括商品的采购成本、存货成本和销售成本三个内容。该行业的商品存货品种规格较多，很难将一笔购货的附带成本合理精确地分配至特定的一批购货，所以商品存货的日常核算一般采用"售价金额核算法"。

售价金额核算法也就是按商品的售价来核算库存商品，即从采购商品入库到销售商品出库，都按售价进行核算。零售企业的库存商品除了设置总账核算外，还要按照柜台班组等进行明细核算。为了反映库存商品的进价成本，应设置"商品进销差价"这个会计科目来核算售价高于商品进价的差额。

7.1.1 会计科目

根据零售企业的特点，可以在"库存商品"会计科目的基础上，增加"商品采购""商品进销差价"两个会计科目。

① 商品采购

"商品采购"会计科目用来核算零售企业在商品采购过程中发生的采购成本，这个采购成本包括采购价款和进货费用（如运输费）。也有将进货费用单独设置会计科目或直接计入"销售费用"会计科目，在这种情况下，"商品采购"会计科目核算的采购成本仅包括商品的采购价款。

借方	商品采购	贷方
商品的采购成本	到达并验收入库商品的采购成本	
企业已经收到发票和账单，但商品尚未到达或尚未验收入库的在途商品的实际成本		

"商品采购"会计科目与《企业会计准则》中的"在途物资"会计科目实质相同，仅文字表述有所不同。

> 1402 在途物资
> 一、本科目核算企业采用实际成本（或进价）进行材料、商品等物资的日常核算、货款已付尚未验收入库的在途物资的采购成本。

② 进货费用

根据现行会计准则的要求，商品流通企业在采购商品过程中发生的进货费用（包括运输费、装卸费等运杂费）应当计入存货的采购成本，也可以先进行归集，期末根据所购商品的存销情况进行分摊。

考虑到零售企业每次进货往往是品种多而杂，如果将进货费用分配到各种商品的成本上，工作量较大。所以可以对进货费用设置"进货费用"账户进行单独归集，或直接计入销售费用。

将进货费用计入采购成本或进行单独归集的规定，主要是考虑在进货费用较大而且期末库存商品金额较大的情况下，进货费用应由当期已销售商品和期末库存商品共同分担，如果将进货费用全部计入当期"销售费用"并不合理，所以在进货费用金额较大的情况下，应将进货费用计入商品的采购成本或单独归集，期末在已销商品和期末库存商品之间进行分配。

"进货费用"会计科目属于成本类会计科目。

借方	进货费用	贷方
本期发生的进货费用		期末已销售商品分摊的进货费用（向主营业务成本结转的进货费用）
期末库存商品应承担的进货费用		

③ 商品进销差价

"商品进销差价"会计科目是库存商品的调整科目。

借方	商品进销差价	贷方
已销售商品应分摊的商品进销差价		购进商品的售价大于进价的差额

如对库存商品调高价格，调高部分的价款也登记在贷方。

7.1.2 账务处理

学习零售企业的账务前，先了解一下"商品采购""商品进销差价"这两个会计科目的核算规范。

对于"商品采购"会计科目的账务处理，可以参照《企业会计准则》中的"在途物资"会计科目的账务处理方法。

1402 在途物资

三、在途物资的主要账务处理

（一）企业购入材料、商品，按应计入材料、商品采购成本的金额，借记本科目，按实际支付或应支付的金额，贷记"银行存款""应付账款""应付票据"等科目。涉及增值税进项税额的，还应进行相应的处理。

（二）所购材料、商品到达验收入库，借记"原材料""库存商品"等科目，贷记本科目。

库存商品采用售价核算的，按售价，借记"库存商品"科目，按进价，贷记本科目，进价与售价之间的差额，借记或贷记"商品进销差价"科目。

1407 商品进销差价

三、商品进销差价的主要账务处理

（一）企业购入、加工收回以及销售退回等增加的库存商品，按商品售价，借记"库存商品"科目，按商品进价，贷记"银行存款""委托加工物资"等科目，按售价与进价之间的差额，贷记本科目。

（二）期（月）末分摊已销商品的进销差价，借记本科目，贷记"主营业务成本"科目。销售商品应分摊的商品进销差价按以下公式计算：

商品进销差价率＝期末分摊前本科目余额÷（"库存商品"科目期末余额＋"委托代销商品"科目期末余额＋"发出商品"科目期末余额＋本期"主营业务收入"科目贷方发生额）×100%

本期销售商品应分摊的商品进销差价＝本期"主营业务收入"科目贷方发生额×商品进销差价率

企业的商品进销差价率各期之间比较均衡的，也可以采用上期商品进销差价率计算分摊本期的商品进销差价。年度终了，应对商品进销差价进行核实调整。

【案例 7.1】商品采购成本及商品按售价金额入库的核算

金蚂蚁超市（一般纳税人）于 2022 年 1 月 16 日购入一批百货，收到增值税专用发票不含税金额 1 000 000 元，税费 130 000 元，另发生运费 5 000 元（增值税普通发票），货款尚未支付。

该业务应编制的会计分录为：

借：商品采购　　　　　　　　　　（ 1 000 000+5 000 ）　　1 005 000

　　应交税费——应交增值税（进项税额）　　　　　　　130 000

　　贷：应付账款　　　　　　　　　　　　　　　　　　1 135 000

> 商品的售价金额 = 采购成本 ÷（1- 规定的毛利率）×（1+ 增值税税率）
>
> 上述公式中，
>
> 毛利率：销售毛利占不含税销售价格的比率。
>
> 采购成本 ÷（1- 规定的毛利率）：不含税售价。
>
> 采购成本 ÷（1- 规定的毛利率）×（1+ 增值税税率）：含增值税销售税额的售价。

假定该企业规定的商品毛利率为 10%，商品的售价金额 =1 005 000÷（1-10%）×（1+13%）=1 261 833.33（元）。

因此，该批商品入库时的会计分录为：

借：库存商品　　　　　　　　　　　　　　　　　　1 261 833.33

　　贷：商品采购　　　　　　　　　　　　　　　　　1 005 000

　　　　商品进销差价　　　　　　　　　　　　　　　　256 833.33

注：以上是将采购商品的进货费用直接计入采购成本情况下的商品采购及商品入库的核算。

【案例 7.2】销售商品的核算

金蚂蚁超市（一般纳税人）于 2022 年 1 月实现销售收入（含税）11 300 000 元，并已存入银行。

该业务应编制的会计分录为：

借：银行存款　　　　　　　　　　　　　　　　　　11 300 000

　　贷：主营业务收入　　　　　　　　　　　　　　　11 300 000

期末计算应交税费——应交增值税（销项税额）：

11 300 000÷（1+13%）×13%=1 300 000（元）

应编制的会计分录为：

借：主营业务收入（注：实务中贷记"主营业务收入"红字）1 300 000

  贷：应交税费——应交增值税（销项税额）   1 300 000

【案例7.3】商品销售实际成本和月末库存商品实际成本的核算

（1）发出商品时，先按售价结转成本

如【案例7.2】中，金蚂蚁超市销售商品实现的销售收入为11 300 000元。该业务结转成本应编制的会计分录为：

借：主营业务成本   11 300 000

  贷：库存商品   11 300 000

（2）计算和结转已销商品应分摊的商品进销差价

> 期末计算和结转已销商品应分摊的进销差价通过以下程序进行：
>
> （1）计算进销差价率
>
> 商品进销差价率＝（期初库存商品的进销差价＋本期购入商品的进销差价）/（期初库存商品售价＋本期购入商品售价）
>
> （2）计算已售商品应分摊的进销差价
>
> 本期已售商品应分摊的进销差价＝本期商品销售价格 × 进销差价率
>
> （3）结转本期已销商品的进销差价（账务处理）

假设金蚂蚁超市期初商品进销差价为50 000元，本期购入商品的进销差价为100 000；期初库存商品的售价为200 000元，本期购入商品的售价为300 000元。所以商品的进销差价率的计算过程如下：

商品进销差价率＝（50 000+100 000）÷（200 000+300 000）=30%

1月该公司应分摊的进销差价=11 300 000×30%=3 390 000（元）

该业务应编制的会计分录为：

借：商品进销差价   3 390 000

  贷：主营业务成本   3 390 000

7.2 开发产品成本该怎么结转？（房地产企业成本核算）

开发产品成本是指房地产企业在开发过程中所发生的各项费用支出。为正确核算开发产品的成本，房地产企业应严格按照成本核算的程序（见表7-1）进行成本核算。

表 7-1　房地产企业成本核算程序

项目	内容
确定成本核算对象	根据成本核算对象的确定原则和项目特点，确定成本核算对象
归集开发成本	设置有关成本核算账户，建立成本合同台账，核算和归集开发成本
确定成本分摊方法	按受益和配比原则，确定应分摊的成本费用在各成本核算对象间的分配方法和标准
在成本核算对象间分摊成本	将归集的开发成本费用按确定的方法和标准在各成本核算对象之间进行分配
计算各成本核算对象的开发总成本	编制项目开发成本计算表，计算各成本核算对象的开发总成本
正确划分完工和在建开发产品间的开发成本	分别结转完工开发产品成本，按建筑面积计算完工产品单位成本
正确划分可售面积、不可售面积	根据有关规定分别计算可售面积、不可售面积应负担的成本，按与结算销售收入配比的原则正确结转完工开发产品的销售成本
编制成本报表	根据成本管理和核算要求，总括反映各成本核算对象的成本情况

房地产企业可以根据需要对相关科目进行调整，如把"库存商品"会计科目改为"开发产品"会计科目、"生产成本"科目改为"开发成本"科目等。

> 1405 库存商品
>
> ……
>
> 企业（房地产开发）的开发产品，可将本科目改为"1405 开发产品"科目。
>
> 三、库存商品的主要账务处理
>
> ……
>
> （三）企业（房地产开发）开发的产品，在达到预定可销售状态时，按实际成本，借记"开发产品"科目，贷记"开发成本"科目。期末，企业结转对外转让、销售和结算开发产品的实际成本，借记"主营业务成本"科目，贷记"开发产品"科目。
>
> 企业将开发的营业性配套设施用于本企业从事第三产业经营用房，应视同自用固定资产进行处理，并按营业性配套设施的实际成本，借记"固定资产"科目，贷记"开发产品"科目。

> 5001 生产成本
>
> ……
>
> 企业（房地产开发）可将本科目改为"5001 开发成本"科目。

【案例 7.4】房地产开发成本的账务处理

金蚂蚁房地产开发公司于 2022 年 1 月对两块土地进行了开发，其中 A 土地为商品性土地开发。B土地为自用土地开发。B土地开发完工后供建设商品房1号楼和2号楼使用，1号楼与2号楼标准和规格不同，需要单独核算成本。

该公司2022年1月发生的经济业务如下：

（1）1月2日，支付A土地征用费50万元、B土地拆迁补偿费40万元，银行存款付讫。

（2）1月4日，支付A土地项目可行性研究费1万元、B土地项目可行性研究费2万元，银行存款付讫。

（3）1月15日，一休建筑施工企业承包的基础设施工程已竣工，A土地应付工程款30万元，B土地应付工程款20万元，款项未付。

（4）1月20日，由二宝建筑施工企业承建的A土地上不能有偿转让的公共配套设施水塔已竣工，实际成本25万元，款项未付。

（5）1月31日，分配土地开发应负担的开发间接费用15万元，其中A土地承担10万元、B土地承担5万元。

（6）1月31日，A土地已经开发完工，共开发建设场地10 000平方米，总成本116万元。

（7）1月31日，B土地已开发完工并交付1号楼和2号楼开发使用，实际总成本67万元，按各楼实际占地面积进行分配，1号楼应负担土地开发成本27万元，2号楼应负担土地开发成本40万元。

该业务应编制的会计分录为（单位：万元）：

（1）借：开发成本——土地开发成本——A土地　　　　50
　　　　　　　　　　　　　——B土地　　　　40
　　　　贷：银行存款　　　　　　　　　　　　　　　90
（2）借：开发成本——土地开发成本——A土地　　　　 1
　　　　　　　　　　　　　——B土地　　　　 2
　　　　贷：银行存款　　　　　　　　　　　　　　　 3
（3）借：开发成本——土地开发成本——A土地　　　　30
　　　　　　　　　　　　　——B土地　　　　20
　　　　贷：应付账款——一休建筑施工企业　　　　　50
（4）借：开发成本——土地开发成本——A土地　　　　25
　　　　贷：应付账款——二宝建筑施工企业　　　　　25
（5）借：开发成本——土地开发成本——A土地　　　　10

	——B 土地	5
	贷：开发成本——开发间接成本	15
（6）借：开发产品——土地——A 土地		116
	贷：开发成本——土地开发成本——A 土地	116
（7）借：开发成本——房屋开发成本——1 号楼		27
	——2 号楼	40
	贷：开发成本——土地开发成本——B 土地	67

7.3　成本可以倒推吗？（餐饮企业成本核算）

餐饮企业的成本通常包括菜品的各种原料价格和燃料价格。菜品的原料包含菜品的主料、配料以及调料等。为了准确计算菜品的成本，还需要计算原料的净料率和熟制品的出品率。

① 净料率是指一些蔬菜、海鲜、鱼类等的净料出品率。

出品率 =（净料数量 ÷ 原来的原料数量）×100%

比如，冰冻状态下的 1 斤鱼，解冻后是 0.8 斤，那么，其出品率 =（0.8÷1）×100%=80%。

在日常工作中，我们通过实践计算出一些常见原料的出品率。比如：1 斤虾仁的出品率是 80%，水发海参的出品率为 80%，整条三文鱼的出品率为 46%，茄子的出品率为 80%，西蓝花的出品率为 70%，青椒的出品率为 80%，青笋的出品率为 40% 等。

净料成本：原料价格 ÷ 净料率 = 净料价格

还有原料是一些干货，比如：木耳、干鹿筋、干海参等干货原料它们的出品率实际上就是涨发率。如：木耳的涨发率为 500%，干鹿筋为 400%，干海参为650% 等。

② 熟制品的出品率是指把生的原料通过熟加工成半成品后的净料率。

出品率 =（净料数量 ÷ 原来的原料数量）×100%

比如，我们采购 8 斤生牛肉（肋条）用于制作小牛肉产品，经过熟加工后出品为 4.8 斤，则出品率为（4.8÷8）×100%=60%。那么我们就知道了生牛肉（肋条）加工成为半成品的出品率为 60%。

净料成本：生牛肉（肋条）11 元 / 斤 ÷60%=18.33 元，我们就知道了熟牛肉（肋条）的价格是每斤 18.33 元。

其实我们只要掌握了净料率、出品率以及净料成本这一类的计算方法，那么菜品的成本核算就很简单了。

实际中，大多数的餐饮企业的成本核算都采用倒推的方法，即用"期初原材料 + 本期购进原材料 – 期末结存原材料"的公式求出"本期耗用原材料成本"。

公式中的"期末结存原材料"即按厨房没有使用的原材料进行实地盘点得出的。将盘点的结存原材料数额，办理假退料手续，调整主营业务成本，下月初再将原材料盘点金额原数做账，作为主营业务成本期初结存数。

所以，在购入原料、配料及调料时，先记入"原材料"会计科目，领用时记入"主营业务成本"会计科目。月末倒推出"本期耗用原材料成本"后，根据"期末结存原材料"金额借记"原材料"会计科目，贷记（红冲）"主营业务成本"会计科目。

> ### 答会计问
>
> 提问：餐饮行业计入主营业务成本的包括哪些？
>
> 回复：
>
> 餐饮行业主营业务成本的核算特点为：① 主营业务成本主要计算直接成本；一般只按耗用用料的成本来计算直接成本；②生产过程往往就是销售甚至消费过程；③只计算总成本，不计算单位成本；④各种材料一经领用即计入主营业务成本；⑤人工费不计入主营业务成本，而是直接计入营业费用，作为期间费用处理。

【案例 7.5】酒店成本的账务处理

金蚂蚁酒店 2022 年 1 月月初菜品原料 1 000 元、配料 100 元、调料 50 元，当月购入菜品原料 80 000 元、配料 5 000 元、调料 1 000 元，月末盘点菜品原料 800 元、配料 50 元、调料 20 元。那么，该企业 1 月应编制的成本核算表如表 7-2 所示。

表 7-2 成本核算表（2022 年 1 月）

单位：元

项目	月初	本月购进	月末盘点	本月消耗
原料	1 000	80 000	800	80 200
配料	100	5 000	50	5 050
调料	50	1 000	20	1 030
合计	1 150	86 000	870	86 280

该业务应编制的会计分录为：

（1）购入材料时（假设款项以银行存款付讫）

借：原材料——原料   80 000

    ——配料   5 000

    ——调料   1 000

 贷：银行存款   86 000

（2）领用材料（假设全部领用）

借：主营业务成本——原料   81 000

      ——配料   5 100

      ——调料   1 050

 贷：原材料——原料   81 000

     ——配料   5 100

     ——调料   1 050

（3）结转成本

借：原材料——原料   800

    ——配料   50

    ——调料   20

 贷：主营业务成本——原料   800

       ——配料   50

       ——调料   20

注：（3）结转成本会计分录在实务中常作相反红字分录，即

借：主营业务成本——原料   800

      ——配料   50

      ——调料   20

 贷：原材料——原料   800

     ——配料   50

     ——调料   20

7.4　公司买了条狗（农业企业成本核算）

我曾在群里转发过一篇文章《公司买了两只狗该怎么入账？在线等，挺急

的！》，结果群里炸开了锅。有说应该放到固定资产的，有说应该计入低值易耗品的，还有说应计入管理费用进入当期损益，也有说计入生物资产的……说计入生物资产的这个群友是农业企业的会计。

"生物资产"是农业企业特有的会计科目。在介绍农业企业成本核算前，先来了解一下什么样的企业是农业企业。农业企业是指从事农、林、牧、副、渔业等生产经营活动，具有较高的商品率，实行自主经营，独立经济核算，具有法人资格的盈利性经济组织。

农业企业的成本核算程序包括归集农业生产费用、分配农业生产费用和计算农产品成本的全过程。农业企业应当比照制造企业对产品成本进行归集、分配和结转。对于农业企业的成本核算主要会使用"消耗性生物资产""生产性生物资产"会计科目。

1421 消耗性生物资产

一、本科目核算企业（农业）持有的消耗性生物资产的实际成本。消耗性生物资产发生减值的，可以单独设置"消耗性生物资产跌价准备"科目，比照"存货跌价准备"科目进行处理。

二、本科目可按消耗性生物资产的种类、群别等进行明细核算。

三、消耗性生物资产的主要账务处理

（一）外购的消耗性生物资产，按应计入消耗性生物资产成本的金额，借记本科目，贷记"银行存款""应付账款""应付票据"等科目。

（二）自行栽培的大田作物和蔬菜，应按收获前发生的必要支出，借记本科目，贷记"银行存款"等科目。自行营造的林木类消耗性生物资产，应按郁闭前发生的必要支出，借记本科目，贷记"银行存款"等科目。自行繁殖的育肥畜、水产养殖的动植物，应按出售前发生的必要支出，借记本科目，贷记"银行存款"等科目。

（三）取得天然起源的消耗性生物资产，应按名义金额，借记本科目，贷记"营业外收入"科目。

（四）产畜或役畜淘汰转为育肥畜的，按转群时的账面价值，借记本科目；按已计提的累计折旧，借记"生产性生物资产累计折旧"科目；按其账面余额，贷记"生产性生物资产"科目。已计提减值准备的，还应同时结转减值准备。

育肥畜转为产畜或役畜的，应按其账面余额，借记"生产性生物资产"科目，贷记本科目。已计提跌价准备的，还应同时结转跌价准备。

（五）择伐、间伐或抚育更新性质采伐而补植林木类消耗性生物资产发生的后续支出，借记本科目，贷记"银行存款"等科目。林木类消耗性生物资产达到郁闭后发生的管护费用等后续支出，借记"管理费用"科目，贷记"银行存款"等科目。

（六）农业生产过程中发生的应归属于消耗性生物资产的费用，按应分配的金额，借记本科目，贷记"农业生产成本"科目。

（七）消耗性生物资产收获为农产品时，应按其账面余额，借记"农产品"科目，贷记本科目。已计提跌价准备的，还应同时结转跌价准备。

（八）出售消耗性生物资产，应按实际收到的金额，借记"银行存款"等科目，贷记"主营业务收入"等科目；按其账面余额，借记"主营业务成本"等科目，贷记本科目。已计提跌价准备的，还应同时结转跌价准备。

四、本科目期末借方余额，反映企业消耗性生物资产的实际成本。

1621 生产性生物资产

一、本科目核算企业（农业）持有的生产性生物资产原价。

二、本科目可按"未成熟生产性生物资产"和"成熟生产性生物资产"，分别生物资产的种类、群别、所属部门等进行明细核算。

生产性生物资产发生减值，可以单独设置"生产性生物资产减值准备"科目，比照"固定资产减值准备"科目进行处理。

三、生产性生物资产的主要账务处理

（一）企业外购的生产性生物资产，按应计入生产性生物资产成本的金额，借记本科目，贷记"银行存款"等科目。

（二）自行营造的林木类生产性生物资产、自行繁殖的产畜和役畜，应按达到预定生产经营目的前发生的必要支出，借记本科目（未成熟生产性生物资产），贷记"银行存款"等科目。

（三）天然起源的生产性生物资产，应按名义金额，借记本科目，贷记"营业外收入"科目。

（四）育肥畜转为产畜或役畜，应按其账面余额，借记本科目，贷记"消耗性生物资产"科目。已计提跌价准备的，还应同时结转跌价准备。

产畜或役畜淘汰转为育肥畜，按转群时的账面价值，借记"消耗性生物资产"科目，并按已计提的累计折旧，借记"生产性生物资产累计折旧"科目；按其账面余额，贷记本科目。已计提减值准备的，还应同时结转减值准备。

（五）未成熟生产性生物资产达到预定生产经营目的时，按其账面余额，借记本科目（成熟生产性生物资产），贷记本科目（未成熟生产性生物资产）。已计提减值准备的，还应同时结转减值准备。

（六）择伐、间伐或抚育更新等生产性采伐而补植林木类生产性生物资产发生的后续支出，借记本科目，贷记"银行存款"等科目。生产性生物资产达到预定生产经营目的后发生的管护、饲养费用等后续支出，借记"管理费用"科目，贷记"银行存款"等科目。

（七）处置生产性生物资产，应按实际收到的金额，借记"银行存款"等科目；按已计提的累计折旧，借记"生产性生物资产累计折旧"科目；按其账面余额，贷记本科目；按其差额，借记"营业外支出——处置非流动资产损失"科目或贷记"营业外收入——处置非流动资产利得"科目。已计提减值准备的，还应同时结转减值准备。

四、本科目期末借方余额，反映企业生产性生物资产的原价。

与固定资产一样，如果用到了"生产性生物资产"会计科目，则也会用到"生产性生物资产累计折旧"会计科目。

1622 生产性生物资产累计折旧

一、本科目核算企业（农业）成熟生产性生物资产的累计折旧。

二、本科目可按生产性生物资产的种类、群别、所属部门等进行明细核算。

三、企业按期（月）计提成熟生产性生物资产的折旧，借记"农业生产成本""管理费用"等科目，贷记本科目。处置生产性生物资产还应同时结转生产性生物资产累计折旧。

四、本科目期末贷方余额，反映企业成熟生产性生物资产的累计折旧额。

当然，也可以根据需要对相关科目进行修改，如把"库存商品"会计科目改为"农产品"会计科目、"生产成本"科目改为"农业生产成本"科目。

1405 库存商品

······

企业（农业）收获的农产品，可将本科目改为"1405农产品"科目。

5001 生产成本

······

企业（农业）在进行农业生产时发生的各项生产成本，可将本科目改为"5001农业生产成本"科目，并分别种植业、畜牧养殖业、林业和水产业确定成本核算对象（消耗性生物资产、生产性生物资产、公益性生物资产和农产品）和成本项目，进行费用的归集和分配。

三、生产成本的主要账务处理

······

（二）生产性生物资产在产出农产品过程中发生的各项费用，借记"农业生产成本"科目，贷记"库存现金""银行存款""原材料""应付职工薪酬""生产性生物资产累计折旧"等科目。

农业生产过程中发生的应由农产品、消耗性生物资产、生产性生物资产和公益性生物资产共同负担的费用，借记"农业生产成本——共同费用"科目，贷记"库存现金""银行存款""原材料""应付职工薪酬""农业生产成本"等科目。期（月）末，可按一定的分配标准对上述共同负担的费用进行分配，借记"农业生产成本——农产品""消耗性生物资产""生产性生物资产""公益性生物资产"等科目，贷记"农业生产成本——共同费用"科目。

应由生产性生物资产收获的农产品负担的费用，应当采用合理的方法在农产品各品种之间进行分配；如有尚未收获的农产品，还应当在已收获和尚未收获的农产品之间进行分配。

生产性生物资产收获的农产品验收入库时，按其实际成本，借记"农产品"科目，贷记本科目（农业生产成本）。

四、本科目期末借方余额，反映企业尚未收获的农产品成本。

【案例 7.6】农业成本的核算 1

金蚂蚁农业公司 1# 基地种植地面积为 500 亩，其中火龙果种植 300 亩、菊花种植 100 亩、空地面积 100 亩。火龙果、菊花的种植天数及空地的天数均为 1 个月（以 30 天算）。2022 年 1 月的"农业生产成本——共同费用"归集为 50 000 元。

该业务的成本计算过程如下：

每亩每天分摊的制造费用 =50 000÷（300×30+100×30+100×30）=3.33（元 / 亩）

火龙果应分摊的制造费用 =300×30×3.33=30 000（元）

菊花应分摊的制造费用 =100×30×3.33=10 000（元）

空地应分摊的制造费用 =100×30×3.33=10 000（元）

编制的成本核算表如表 7-3 所示。

表 7-3　成本核算表（1# 基地）

项目	种地面积 / 亩	分摊比率 /（元 / 亩）	分摊金额 / 元
火龙果	300	3.33	30 000.00
菊花	100	3.33	10 000.00
空地	100	3.33	10 000.00
合计	500		50 000.00

该业务应编制的会计分录为：

借：农业生产成本——火龙果　　　　　　　　　　　　　　30 000

　　农业生产成本——菊花　　　　　　　　　　　　　　　10 000

　　营业外支出　　　　　　　　　　　　　　　　　　　　10 000

　　　　贷：农业生产成本——共同费用　　　　　　　　　　　　　50 000

　　注：如空地未种植是由于天气等原因，应借记"营业外支出"会计科目；如空地为种植蔬菜而留，则借记"农业生产成本——蔬菜"会计科目。

【案例7.7】农业成本的核算2

　　金蚂蚁农业公司2#基地种植番茄、茄子、黄瓜三种作物，成本明细账汇集的生产费用总额为20 000元，番茄产量20 000千克，售价1元/千克；茄子产量20 000千克，售价0.5元/千克；黄瓜产量50 000千克，售价0.4元/千克。以销售额为标准分配成本费用。

　　该业务的成本计算过程如表7-4所示。

表7-4　成本计算表（2#基地）

项目	产量/千克（1）	单位售价/元（2）	销售额/元（3）=（1）×（2）	分配率/%（4）	总成本/元（5）	单位成本/（元/千克）（6）=（5）÷（1）
番茄	20 000	1	20 000	40	8 000	0.4
茄子	20 000	0.5	10 000	20	4 000	0.2
黄瓜	50 000	0.4	20 000	40	8 000	0.16
合计	90 000		50 000		20 000	

　　该业务应编制的会计分录为：

　　借：农产品——番茄　　　　　　　　　　　　　　　　8 000
　　　　　　　——茄子　　　　　　　　　　　　　　　　4 000
　　　　　　　——黄瓜　　　　　　　　　　　　　　　　8 000
　　　　贷：农业生产成本——番茄　　　　　　　　　　　　　8 000
　　　　　　　　　　　　——茄子　　　　　　　　　　　　　4 000
　　　　　　　　　　　　——黄瓜　　　　　　　　　　　　　8 000

成本现场：不同行业的成本核算

　　鱼姐无意间点击了同意邀请，加入了一个成本微信群。她发现群里不同行业的会计正在讨论各行业的成本核算表，并不断地将各种表格上传至群文件。

　　原来，成本核算表可以有多种形式。各行业的成本核算表如表7-5至表7-7所示。

表7-5 运输成本分析表

运输成本分析表

文件编号	ABC——
制作人员	
制作日期	
版本/版号	A/01

业务条件	路线	车型	每周运输（双程）	工作周数（每月）	每月运输（双程）	往返里程（千米）	单程运行（小时）	配置司机（人数）
	上海-南通	德龙F3000自卸车	7	8	56	-0	0.4	1

油费	耗油量(L/km)	耗油量(L)	每升油价(元/L)	油费小计(元/往返)
	0.4	16	5.84	93.44

桥路费	过路费(元/双程)	过路费(元/趟)	过路费(满载路)	桥路费小计(元/往返)
	0.00	0.00	0.00	0.00

轮胎损耗	转毂磨成千米数	轮胎单价	轮胎个数	轮胎费用(元/千米)	轮胎费用(元/往返)
	150,000	1,800.00	8	0.10	4.00

司机费用	司机工资(元/双程)	司机社保(元/双程)	住宿费(元/双程)	伙食费(元/双程)	通讯费(元/双程)	司机费用小计(元/往返)
	107.14	0.00	15.00	50.00	3.57	175.71

车辆折旧	车辆购入价(元/部)	折旧年数	折旧月数	每月折旧费(30%残值折)	每趟折旧费(元/趟)
	300,000.00	4	48	4,375.00	78.13

车辆运营费	车辆年检		车辆保险费		换机油维修费		运营费		
	单检费(元/年)	每趟年检检费(元/趟)	年度保险费(元/年)	每趟保险费(元/趟)	维修费(元/月)	标准换油修养(元/趟)	车票费用(元/趟)	运输管理费(元/趟)	运营费用小计(元/往返)
	6,000.00	8.93	11,660.00	17.35	1,500.00	2.23	4.29	15.00	125.92

收支分析	含税成本(元)	税金(11%)	成本合计(元)	双程利润(元)	最终报价含税(元)	利润率(%)	月毛业业段(元/月)	含月利润(元)
	487.08	88.00	399.08	312.92	800.00	39.12%	44,800.00	17,523.69

表 7-6　家具成本核算表

成本计算表

客　户：　　　品　名：　　　　　　　　　　　颜　色：

品　号：　　　规　格：　　　　　　　　　　　日　期：

配件名称	成品规格			备料规格			数量	材积	总材积	材料名称	利用率	单价（RMB）	金额（RMB）
	长	宽	厚	长	宽	厚							
主材质实木													
									0.00000			合计：	0.00
什木													
									0.00000			合计：	0.00
桐木												合计：	0.00
中密度纤维板（MDF）													
												合计：	0.00
木塑结合板（PW）													
												合计：	0.00
薄片													
												合计：	0.00
五金													
												合计：	0.00

纸箱尺寸（1）				立方	
纸箱尺寸（2）				英尺❶	
纸箱尺寸（3）					
纸箱尺寸（4）					

		名称	金额		金额	照片
直接材料成本	1. 实木			直接人工成本		
	2.				0	
	3.					
	4.					
	5.	薄片				
	6.	五金			0	
	7.	涂装			0	
	8.	彩绘			0	
	9. 包装	泡沫			0	
		纸箱			0	

总的材料成本			总人工成本	
	合计			

制造成本直接成本合计（人民币）			
直接成本合计（美元）			
40% 管理费		计算离岸价	
制造成本合计			
利润（20%）			
国内运费			

制表：　　　　　　　　　　审核：

表 7-7　制药厂生产成本分配表
U8：辅助—项目总账—科目总账—存货项目—基本生产成本—本月

期间：　　　年　月

序号	品种编号	品种名称	品种单位	期初余额	本期发生额	完工品种产量	在产品产量	分配率	完工品种成本	在产品成本
1	01.01	双黄连片	盒							
2	01.02	清开灵片	盒							
3	01.03	金参舒肝胶囊	盒							
4	01.04	麝香脑脉康胶囊	盒							
5	01.05	巴仙苁蓉胶囊	盒							
6	01.06	小儿热速清	盒							
7	01.07	乳酸钙片	盒							
8	01.08	胃康灵	盒							
		……								
		合计								

　　鱼姐将这些行业的成本表分享到她的会计微信群，群友们纷纷表示膜拜。

　　随后，鱼姐把她在成本微信群所学到的成本知识分享给群友们："其实，成本核算表万变不离其宗。一般制造业主要是料、工、费的分配，按一定的标准和

---

❶　1 英尺 =0.3048 米。

比例分配。另外，还要根据企业需要，分别编制对应的成本表格。若是其他行业，按料、工、费来核算的情况也有，比如群里有位网友提到的餐饮行业，也按料、工、费来分配核算，厨房的青菜、肉、鱼等即是'料'，厨师的工资即是'工'，厨房的电费等即是'费'等"

芥末："那我们服务行业的成本应该怎么进行账务处理呀？"

鱼姐："服务行业的话，可以根据企业需要编制成本表格，不过成本核算的账务处理相对简单些，产生的成本直接借记'主营业务成本'会计科目，即与'主营业务收入'相对应的明细即可，这个是不用分配的。"

芥末："那有没有只有收入没有成本的情况？我发现以前会计做的利润表里，很多'主营业务成本'项目没有数据，账上该项目的发生额也是零。"

鱼姐："那可能是一些成本都被放到费用科目里了？你看一下三大期间费用是不是金额很大？"

芥末："是的。"

鱼姐："那你要查明细了。比如你的服务产生的收入记'主营业务收入'会计科目，那么相应的为服务而产生的成本，如材料费、员工的工资、差旅费等是不是该记到'主营业务成本'会计科目呢？"

芥末："对哦，谢谢鱼姐指点。"

第8章
至关重要的成本分析

◆

"这个月怎么赚这么少啊？是不是成本太高了？给我分析一下。"作为成本会计，要对企业的成本了如指掌，只要有人提出与成本有关的疑问，就能立刻找出原因。因此，成本会计不仅要对企业产品的成本进行核算，更重要的是要对其进行分析。产品成本分析一般包括对总成本和单位成本的分析。总成本分析可以按成本项目分析，也可以按产品品种分析，而成本项目分析又分为对比分析、构成比率分析和相关指标比率分析。产品品种分析即用本期实际成本与计划成本或上期实际成本进行比较分析。在单位成本分析中，可运用对比分析法、趋势分析法进行一般分析，也可以按直接材料、直接人工和制造费用等项目进行分析。如图 8-1 所示。

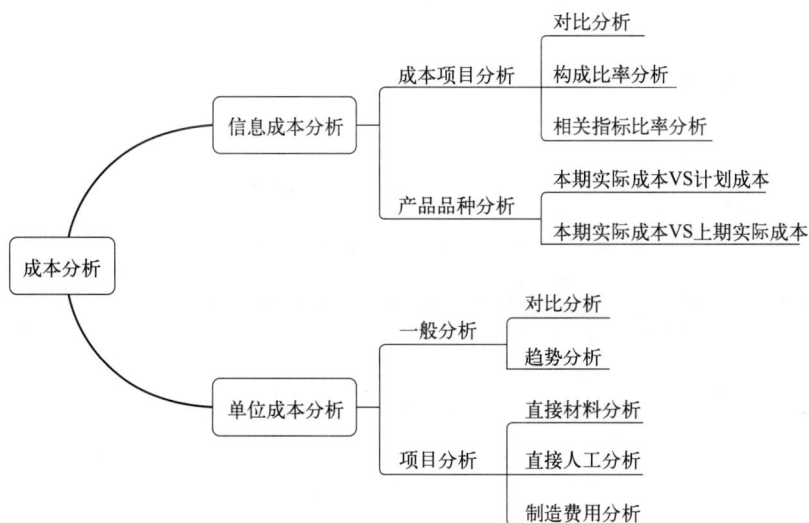

图 8-1 成本分析的内容

8.1 产品生产成本表不是成本核算表

进行成本分析需要编制产品生产成本表。因此，在分析产品成本之前，我们先熟悉一下产品生产成本表的编制。产品生产成本表是反映企业在报告期内生产的全部产品总成本的报表，它与前面提到的成本核算表不同，成本核算表只是"核算"，而产品生产成本表是在"核算"的基础上进行"分析"。如果将成本核算表比作会计报表，那么产品生产成本表就是报表的附注。

产品生产成本表既可以按照成本项目进行编制，也可以按照产品品种进行编制。

（1）按成本项目反映的产品生产成本表的编制

按成本项目反映的产品生产成本表是按成本项目汇总反映企业在报告期内发生的全部生产成本以及产品生产成本合计的报表，如表8-1所示。

表8-1 产品生产成本表（按成本项目反映）

20×× 年 ×× 月　　　　　　　　　　　　　　　　　单位：元

成本项目	上年实际	本年计划	本月实际	本年实际
直接材料				
直接人工				
制造费用				
合计				

（2）按产品品种反映的产品生产成本表的编制

按产品品种反映的产品生产成本表是按产品品种汇总反映企业在报告期内生产的全部产品的单位成本和总成本的报表，如表8-2所示。

表8-2 产品生产成本表（按产品品种反映）

20×× 年 ×× 月　　　　　　　　　　　　　　　　　单位：元

品名	规格型号	单位	上年实际	本年计划	本月实际	本年实际
A 产品						
B 产品						
C 产品						
合计						

通过上述产品生产成本表的内容，我们可以看出它主要是上年、本年、本月、本年的比较。因此，会用到一个术语"可比产品成本"。那么，什么是可比

产品成本呢？

上年或最近几年正常生产，且本年仍继续生产的产品，称为可比产品，这些产品的成本就是可比产品成本。

在分析可比产品成本时，一般会计算其降低额和降低率。

① 可比产品成本降低额，即按上年实际平均单位成本计算的本年累计总成本与本年累计实际总成本的差。公式为：

$$可比产品成本降低额 = 可比产品按上年实际平均单位成本计算的本年累计总成本 - 本年累计实际总成本$$

注：可比产品按上年实际平均单位成本计算的本年累计总成本 = 上年单价 × 本年数量

$$本年累计实际总成本 = 本年单价 × 本年数量$$

② 可比产品成本降低率是指可比产品成本降低额与可比产品按上年实际平均单位成本计算的本年累计总成本之间的百分比。即可比产品成本降低率为同一产品在两个不同时期的成本降低额，与前期成本水平相比的比率。公式为：

$$可比产品成本降低率 = （可比产品成本降低额 ÷ 可比产品按上年实际平均单位成本计算的本年累计总成本）×100\%$$

【案例8.1】产品生产成本表的编制

金蚂蚁制造公司按产品品种编制的产品生产成本表如表8-3所示。

表8-3　生产成本表

产品名称	计量单位	实际产量		单位成本				本月总成本			本年累计总成本		
		本月	本年	上年实际平均	本年计划	本月实际	本年累计实际平均	按上年实际平均单位成本计算	按本年计划单位成本计算	本月实际	按上年实际平均单位成本计算	按本年计划单位成本计算	本年实际
A	个	50	550	81.55	81.15	80.75	81.25	4 077.5	4 057.5	4 037.5	44 852.5	44 632.5	44 687.5
B	台	100	1 225	67.1	67.5	68.4	67.95	6 710	6 750	6 840	82 197.5	82 687.5	83 238.75
合计								10 787.5	10 807.5	10 877.5	127 050	127 320	127 926.25

可比产品成本降低额 =127 050-127 926.25=-876.25（元）

可比产品成本降低率＝（−876.25）÷12 7050×100%=−0.69%

> 影响可比产品成本降低额变动的因素有三个：产品产量变动、产品品种比重变动和产品单位成本变动。

8.2 产品总成本怎么分析？

通过上面的产品生产成本表编制，可以看出，产品总成本的分析包括按成本项目分析和按产品品种分析。

（1）按成本项目反映的产品生产成本表的分析

按成本项目反映的产品生产成本表，一般可以采用对比分析法、构成比率分析法和相关指标比率分析法进行分析。这几种分析方法的比较如表 8-4 所示。

表 8-4　按成本项目反映的产品生产成本表的分析方法比较

方法	含义	计算
对比分析法	也称比较分析法。它是通过将分析期的实际数同某些选定的基数进行对比，来揭示实际数与基数之间的差异，以了解成本管理中的成绩和问题的一种分析方法	对比分析法的基数由于分析的目的不同而有所不同，一般包括计划数、定额数、前期实际数、以往年度同期实际数以及本企业的历史先进水平和国内外同行业的先进水平等。对比分析法只适用于同质指标的数量对比
构成比率分析法	也称比重分析法。它是通过计算某项指标的各组成部分占总体的比重，即部分与全部的比率，进行数量分析的方法。通过这种分析，可以反映产品成本的构成是否合理	直接材料成本比率＝（直接材料成本÷产品成本）×100%； 直接人工成本比率＝（直接人工成本÷产品成本）×100%； 制造费用比率＝（制造费用÷产品成本）×100%
相关指标比率分析法	它是计算两个性质不同而又相关的指标之间的比率进行数量分析的方法	产值成本率＝（成本÷产值）×100%； 销售收入成本率＝（成本÷销售收入）×100%； 成本利润率＝（利润÷成本）×100%

（2）按产品品种反映的产品生产成本表的分析

按产品品种反映的产品生产成本表的分析，一般可以从本期实际成本与计划成本的对比分析和本期实际成本与上年实际成本的对比分析两个方面进行。

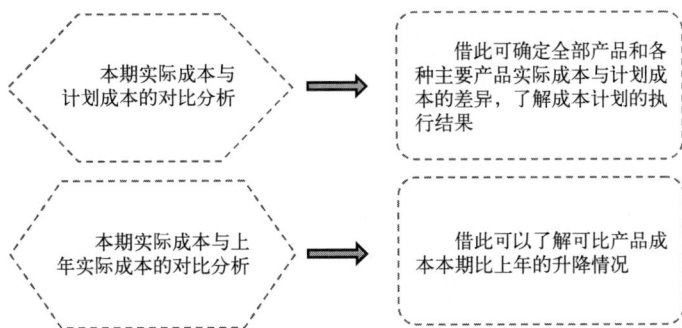

| 本期实际成本与计划成本的对比分析 | → | 借此可确定全部产品和各种主要产品实际成本与计划成本的差异，了解成本计划的执行结果 |
| 本期实际成本与上年实际成本的对比分析 | → | 借此可以了解可比产品成本本期比上年的升降情况 |

8.3 产品单位成本怎么分析？

什么是产品单位成本分析呢？所谓产品单位成本分析是对一定时期产品单位成本水平及其构成的分析。其分析的主要依据是产品单位成本表与相关的技术经济资料。一般来说，相关财务人员会使用比对法进行分析，也就是说通过将本阶段的产品成本与上个阶段的产品成本进行比对，得出直观的比对结果，从而显示产品的单位成本是上升还是下降。为了能够让公司持续盈利，相关人员可据此分析结果采取相应的调整措施。

产品单位成本的分析分为一般分析和各主要项目分析。下面做简单介绍。

（1）一般分析

一般分析有两种方法：对比分析法和趋势分析法。

① 对比分析法

对比分析法也称比较分析法，是把客观事物加以比较，以认识其本质和规律并做出正确评价的方法。对比分析法通常是把两个相互联系的指标数据进行比较，从数量上展示和说明研究对象的规模大小、水平高低、速度快慢以及各种关系是否协调。

此方法分为水平比较分析和纵向比较分析两种，如表 8-5 所示。

表 8-5 对比分析法的分类

方法	含义
水平比较分析法	又称横向比较分析法，是将反映企业报告期成本的信息（特别指成本报表信息资料）与反映企业前期或历史某一种成本状况的信息进行全面、综合对比，以研究企业经营业绩或成本状况的发展变动情况的一种成本分析方法

方法	含义
纵向比较分析法	又称垂直分析法或动态分析法，它是通过计算成本报表中各项目占总体的比重或结构，反映报表中各项目与总体的关系及其变动情况的一种成本分析方法

② 趋势分析法

趋势分析法是根据企业连续几年或几个时期的分析资料，运用指数或完成率的计算，确定分析期各有关项目的变动情况和趋势的一种成本分析方法。

（2）主要项目分析

成本的主要项目就是料、工、费三项。因此，对产品单位成本的分析需要针对这三个项目展开，具体分析内容如图8-2所示。

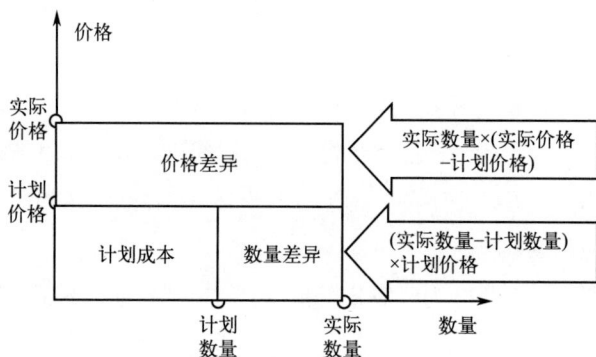

图8-2　成本主要项目分析

先来了解一下成本差异、价差和量差的计算公式：

成本差异=实际成本－计划成本

　　　　=实际数量×实际价格－计划数量×计划价格

　　　　=实际数量×实际价格－实际数量×计划价格＋实际数量×计划价格－计划数量×计划价格

　　　　=实际数量×（实际价格－计划价格）＋（实际数量－计划数量）×计划价格

　　　　=价格差异＋数量差异

　　　　　价差=实际数量×（实际价格－计划价格）

　　　　　量差=（实际数量－计划数量）×计划价格

① 直接材料成本的分析

直接材料的实际成本与计划成本之间的差额构成了直接材料成本差异。形成该差异的基本原因有两个，不同原因的计算方法也有所不同，如表8-6所示。

表8-6　形成直接材料成本差异的原因及计算

原因	计算方法	公式
用量偏离标准（数量差异）	按计划价格计算	材料消耗量变动的影响（量差）=（实际数量－计划数量）×计划价格
价格偏离标准（价格差异）	按实际用量计算	材料价格变动的影响（价差）=实际数量×（实际价格－计划价格）

【案例8.2】直接材料成本的分析

金蚂蚁制造公司N产品在2013年的成本计划规定和12月份实际发生的材料消耗量及材料单价如表8-7所示。

表8-7　直接材料计划与实际成本对比表

项目	材料消耗数量/千克	材料价格/（元/千克）	直接材料成本/元
本年计划	200	16.75	3 350
本月实际	170	20.00	3 400
直接材料成本差异			+50

分析：

从表8-7可以看出，该产品单位成本中的直接材料成本在本月实际比本月计划超支了50元。单位产品的材料成本是材料消耗量与材料价格的乘积，其影响因素主要在于材料消耗数量差异（量差）和材料价格差异（价差）两个方面。现用差额计算分析法计算这两个因素变动对直接材料成本超支的影响如下：

材料消耗量变动的影响 =（170-200）×16.75=-502.5（元）

材料价格变动的影响 =170×（20.00-16.75）=+552.5（元）

两因素影响程度合计=-502.5+（+552.5）=+50（元）

通过以上计算可以看出，N产品的直接材料成本虽然只超支50元，差异不大，但分析结果表明，由于材料消耗的节约（由200千克降低为170千克）使材料成本降低了502.5元；而材料价格的提高（由16.75元提高为20元）则使材料成本超支552.5元。两者相抵，净超支50元。

由此可见，N产品材料消耗的节约掩盖了绝大部分因材料价格提高所引起的材料成本超支。如果材料消耗的节约不是由于偷工减料，则一般都是生产车间改进生产工艺、加强成本管理的成果。材料价格的提高，则要看是由于市场价格上涨等客观原因引起，还是由于材料采购人员不得力，致使材料采购价格偏高或材料运杂费增加所致。

与此相联系，N产品的本年累计实际平均材料成本与本年计划持平（均为3 350元），低于本月实际、上年实际平均和历史先进水平，也不一定是成本管理工作的成绩，也应比照上述方法进行量差和价差的分析。

② 直接人工成本的分析

直接人工的实际成本与计划成本之间的差额构成了直接人工成本差异。形成该差异的基本原因有两个，不同原因的计算方法也有所不同，如表8-8所示。

表8-8　形成直接人工成本差异的原因及计算

原因	内容	公式
量差	它是实际工时偏离计划工时，其差额按计划每小时工资成本计算确定的金额，称为单位产品所耗工时变动的影响	单位产品所耗工时变动的影响（量差）=（实际工时－计划工时）×计划每小时工资成本
价差	它是实际每小时工资成本偏离计划每小时工资成本，其差额按实际工时计算确定的金额，称为每小时工资成本变动的影响	每小时工资成本变动的影响（价差）=实际工时×（实际每小时工资成本－计划每小时工资成本）

【案例8.3】直接人工成本的分析

金蚂蚁制造公司实行计时工资制度，N产品每台所耗工时数和每小时工资成本的计划数与实际数如表8-9所示。

表8-9　直接人工成本计划与实际成本对比表

项目	单位产品所耗工时	每小时工资成本／元	直接人工成本／元
本年计划	15	100	1 500
本月实际	11.84	125	1 480
直接人工成本差异	−3.16	+25	−20

分析：

单位产品所耗工时变动的影响 =（11.84−15）×100=−316（元）

每小时工资成本变动的影响 =11.84×（125−100）=+296（元）

两项因素影响程度合计 =-316+296=-20（元）

以上分析表明：N 产品的直接人工成本节约了 20 元，完全是由于工时消耗大幅度节约的结果。而每小时的工资成本则是超支的，这部分超支抵消了绝大部分由于工时消耗节约所产生的直接人工成本的降低额。企业应当进一步查明单位产品工时消耗节约和每小时工资成本超支的原因。

③ 制造费用的分析

产品单位成本中制造费用的分析，通常与计时工资制度下直接人工成本的分析相类似。首先要分析单位产品所耗工时变动和每小时制造费用变动两因素对制造费用的影响，然后查明这两个因素变动的具体原因。主要可以采用对比分析法和构成比率法，如表 8-10 所示。

表 8-10　制造费用分析方法

方法	内容
对比分析法	对比分析法下，通常将本月实际数与计划数、上年同期实际数进行对比，揭示本月实际数与计划数及上年同期实际数之间的增减变化
构成比率法	构成比率法下，可以计算某项成本占制造费用合计数的构成比率，也可将制造费用分为与机器设备使用有关的成本（例如机器设备的折旧费、机物料消耗等，如果动力成本不专设成本项目，还应包括动力成本）和与机器设备使用无关的成本（例如车间管理人员及职工薪酬、办公费等），以及非生产性损失等几类，分别计算其占制造费用合计数的构成比率，或将本期构成比率与本年计划和上年同期实际进行对比，揭示其差异和增减变化，分析是否合理

制造费用分析的公式如下：

单位产品所耗工时变动的影响（量差）=（实际工时 − 计划工时）× 计划每小时制造费用

每小时制造费用变动的影响（价差）= 实际工时 ×（实际每小时制造费用 − 计划每小时制造费用）

成本现场：谁有成本分析表

仲夏："请问谁有成本分析表呀？"

远："网上多的是。"

鱼姐将自己珍藏的学习文件（成本分析表，如表 8-11 ~ 表 8-14 所示）分享到了群里。

表 8-11　总生产成本分析表

单位名称：　　　　　　　　　　　　　　　　制表人员：　　　　　　　　　索引号：
所属时期或审时间：　　　　　　　　　　　　复核人员：　　　　　　　　　金额单位：人民币元

项目	1月份	2月份	3月份	4月份	5月份	6月份	7月份	8月份	9月份	10月份	11月份	12月份	合计	结构	排序
期初数	0.00	0.00	0.00	0.00	0.00	0.00	0.00	0.00	0.00	0.00	0.00	0.00	0.00		
直接材料	0.00	0.00	0.00	0.00	0.00	0.00	0.00	0.00	0.00	0.00	0.00	0.00	0.00	0.0%	
直接人工	0.00	0.00	0.00	0.00	0.00	0.00	0.00	0.00	0.00	0.00	0.00	0.00	0.00	0.0%	
制造费用	0.00	0.00	0.00	0.00	0.00	0.00	0.00	0.00	0.00	0.00	0.00	0.00	0.00	0.0%	
其他	0.00	0.00	0.00	0.00	0.00	0.00	0.00	0.00	0.00	0.00	0.00	0.00	0.00	0.0%	
合计	0.00	0.00	0.00	0.00	0.00	0.00	0.00	0.00	0.00	0.00	0.00	0.00	0.00	0.0%	
本期转出	0.00	0.00	0.00	0.00	0.00	0.00	0.00	0.00	0.00	0.00	0.00	0.00	0.00		
期末数	0.00	0.00	0.00	0.00	0.00	0.00	0.00	0.00	0.00	0.00	0.00	0.00	0.00		
直接材料比重	0.0%	0.0%	0.0%	0.0%	0.0%	0.0%	0.0%	0.0%	0.0%	0.0%	0.0%	0.0%			
直接人工比重	0.0%	0.0%	0.0%	0.0%	0.0%	0.0%	0.0%	0.0%	0.0%	0.0%	0.0%	0.0%			
制造费用比重	0.0%	0.0%	0.0%	0.0%	0.0%	0.0%	0.0%	0.0%	0.0%	0.0%	0.0%	0.0%			
其他比重	0.0%	0.0%	0.0%	0.0%	0.0%	0.0%	0.0%	0.0%	0.0%	0.0%	0.0%	0.0%			

平均数：0.00
标准差：0.00

日期：
日期：

审计结论：

一、生产成本趋势表

二、生产成本结构图

三、生产成本明细趋势表

四、生产成本明细结构图

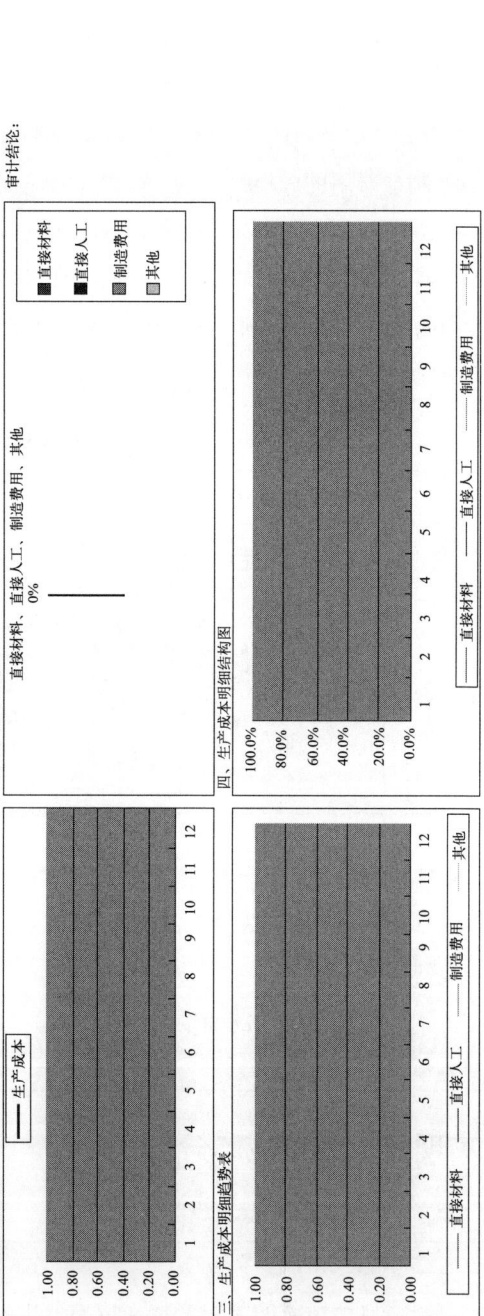

表8-12 总生产成本年度比较表

单位名称：　　　　　　　　制表人员：　　　　　　日期：
所属时期或截至时间：　　　复核人员：　　　　　　日期：　　　　　　　金额单位：人民币元

项目	上年数	本年数	增减金额	增减比率	金额排序	比率排序	上年结构	本年结构	结构增减	增减排序	结论
直接材料		0.00	0.00	0.0%			0.0%	0.0%	0.0%		
直接人工		0.00	0.00	0.0%			0.0%	0.0%	0.0%		
制造费用		0.00	0.00	0.0%			0.0%	0.0%	0.0%		
其他		0.00	0.00	0.0%			0.0%	0.0%	0.0%		
合计	0.00	0.00	0.00	0.0%			0.0%	0.0%	0.0%		

一、生产成本格势图

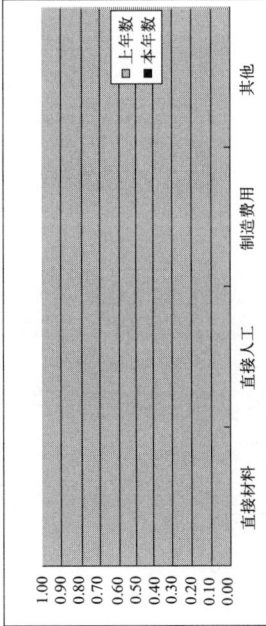

二、生产成本结构格势图

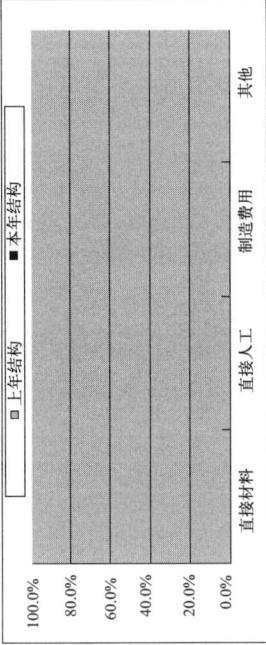

三、生产成本每月结转数格势图

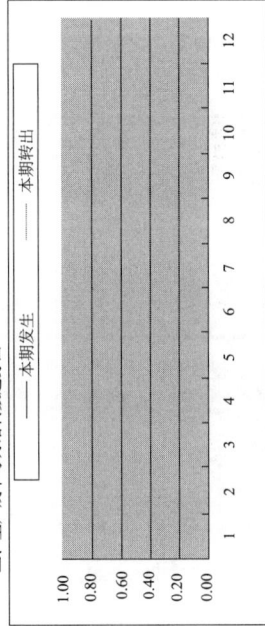

平均数：　　　　0.00
标准差：　　　　0.00
相关系数：　　　0.0000　　　　异常

四、生产成本每月结余数格势图

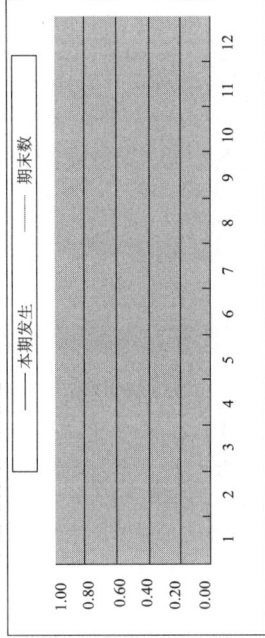

平均数：　　　　0.00
标准差：　　　　0.00
相关系数：　　　0.0000　　　　异常

表8-13 生产成本汇总表

所属时期或截至时间：　　　　复核人员：　　　　日期：　　　　　　　　　　　　　金额单位：人民币元

项目	期初数	直接材料	直接人工	制造费用	其他	合计	本期转出	转出数量	单位成本	期末数	直接材料比重	直接人工比重	制造费用比重	其他比重	本年结构	结构排序	上年发生额	上年结构
A	0.00	0.00	0.00	0.00	0.00	0.00	0.00	0.00	0.00	0.00					0.0%			0.0%
B	0.00	0.00	0.00	0.00	0.00	0.00	0.00	0.00	0.00	0.00					0.0%			0.0%
C	0.00	0.00	0.00	0.00	0.00	0.00	0.00	0.00	0.00	0.00					0.0%			0.0%
D	0.00	0.00	0.00	0.00	0.00	0.00	0.00	0.00	0.00	0.00					0.0%			0.0%
E	0.00	0.00	0.00	0.00	0.00	0.00	0.00	0.00	0.00	0.00					0.0%			0.0%
F	0.00	0.00	0.00	0.00	0.00	0.00	0.00	0.00	0.00	0.00					0.0%			0.0%
G	0.00	0.00	0.00	0.00	0.00	0.00	0.00	0.00	0.00	0.00					0.0%			0.0%
H	0.00	0.00	0.00	0.00	0.00	0.00	0.00	0.00	0.00	0.00					0.0%			0.0%
I	0.00	0.00	0.00	0.00	0.00	0.00	0.00	0.00	0.00	0.00					0.0%			0.0%
J	0.00	0.00	0.00	0.00	0.00	0.00	0.00	0.00	0.00	0.00					0.0%			0.0%
K	0.00	0.00	0.00	0.00	0.00	0.00	0.00	0.00	0.00	0.00					0.0%			0.0%
L	0.00	0.00	0.00	0.00	0.00	0.00	0.00	0.00	0.00	0.00					0.0%			0.0%
M	0.00	0.00	0.00	0.00	0.00	0.00	0.00	0.00	0.00	0.00					0.0%			0.0%
N	0.00	0.00	0.00	0.00	0.00	0.00	0.00	0.00	0.00	0.00					0.0%			0.0%
O	0.00	0.00	0.00	0.00	0.00	0.00	0.00	0.00	0.00	0.00					0.0%			0.0%
P	0.00	0.00	0.00	0.00	0.00	0.00	0.00	0.00	0.00	0.00					0.0%			0.0%
Q	0.00	0.00	0.00	0.00	0.00	0.00	0.00	0.00	0.00	0.00					0.0%			0.0%
合计	0.00	0.00	0.00	0.00	0.00	0.00	0.00	0.00		0.00					0.0%		0.00	0.0%

一、生产成本本年结构图

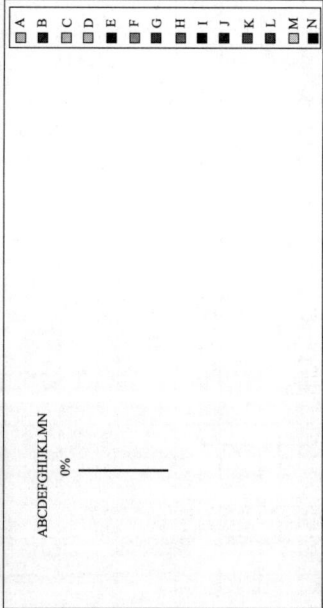

ABCDEFGHIJKLMN
0%

A　B　C　D　E　F　G　H　I　J　K　L　M　N

二、生产成本上年结构图

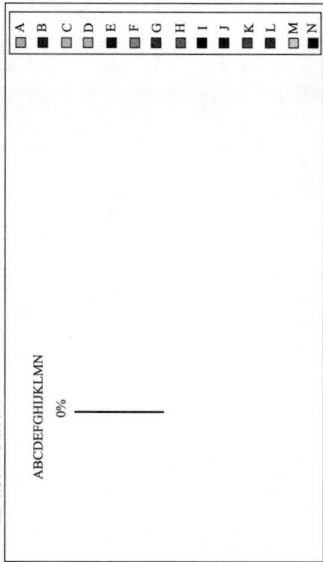

ABCDEFGHIJKLMN
0%

A　B　C　D　E　F　G　H　I　J　K　L　M　N

所属时期或截至时间：　　　　复核人员：　　　　日期：　　　　　索引号：

金额单位：人民币元

续表

三、结构变动图

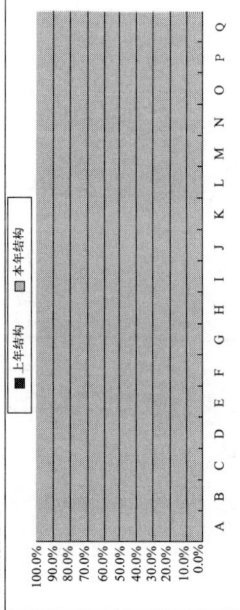

四、生产成本对比图

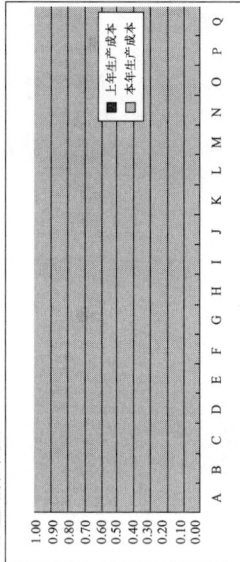

五、费用比重图

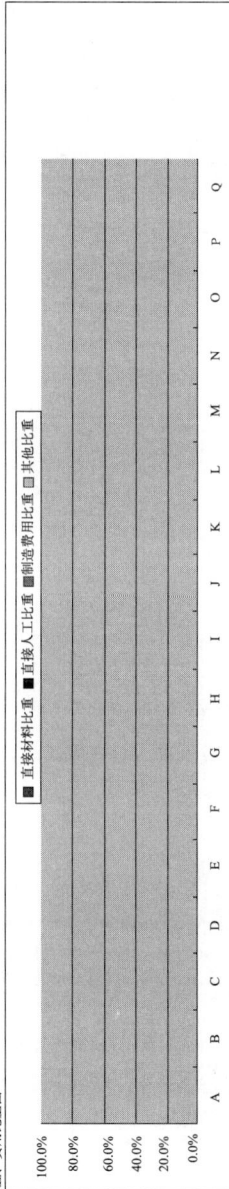

六、发生额与结转数对比

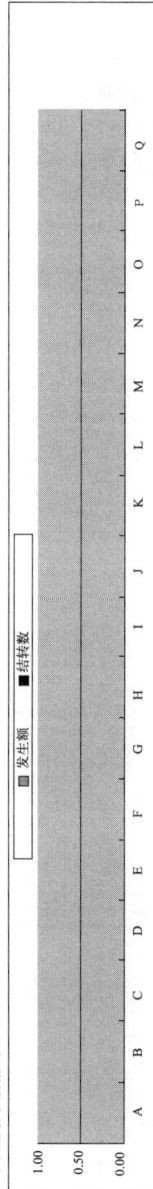

表 8-14　主要产品单位成本分析表

单位名称：　　　　　　　　　　制表人员：　　　　　　　　日期：

所属时期或截至时间：　　　　　复核人员：　　　　　　　　日期：

金额单位：人民币元

项目	上年单位成本					本年单位成本					单位成本增减					增减比率
	成本项目					成本项目					成本项目					
	直接材料	直接人工	制造费用	其他	合计	直接材料	直接人工	制造费用	其他	合计	直接材料	直接人工	制造费用	其他	合计	
A						0.00	0.00	0.00	0.00	0.00	0.00	0.00	0.00	0.00	0.00	0.0%
B						0.00	0.00	0.00	0.00	0.00	0.00	0.00	0.00	0.00	0.00	0.0%
C						0.00	0.00	0.00	0.00	0.00	0.00	0.00	0.00	0.00	0.00	0.0%
D						0.00	0.00	0.00	0.00	0.00	0.00	0.00	0.00	0.00	0.00	0.0%
E						0.00	0.00	0.00	0.00	0.00	0.00	0.00	0.00	0.00	0.00	0.0%
F						0.00	0.00	0.00	0.00	0.00	0.00	0.00	0.00	0.00	0.00	0.0%
G						0.00	0.00	0.00	0.00	0.00	0.00	0.00	0.00	0.00	0.00	0.0%

项目	上年单位成本比重					本年单位成本比重					单位成本比重增减				
	成本项目					成本项目					成本项目				
	直接材料	直接人工	制造费用	其他	合计	直接材料	直接人工	制造费用	其他	合计	直接材料	直接人工	制造费用	其他	合计
A	0.0%	0.0%	0.0%	0.0%	0.0%	0.0%	0.0%	0.0%	0.0%	0.0%	0.0%	0.0%	0.0%	0.0%	0.0%
B	0.0%	0.0%	0.0%	0.0%	0.0%	0.0%	0.0%	0.0%	0.0%	0.0%	0.0%	0.0%	0.0%	0.0%	0.0%
C	0.0%	0.0%	0.0%	0.0%	0.0%	0.0%	0.0%	0.0%	0.0%	0.0%	0.0%	0.0%	0.0%	0.0%	0.0%
D	0.0%	0.0%	0.0%	0.0%	0.0%	0.0%	0.0%	0.0%	0.0%	0.0%	0.0%	0.0%	0.0%	0.0%	0.0%
E	0.0%	0.0%	0.0%	0.0%	0.0%	0.0%	0.0%	0.0%	0.0%	0.0%	0.0%	0.0%	0.0%	0.0%	0.0%
F	0.0%	0.0%	0.0%	0.0%	0.0%	0.0%	0.0%	0.0%	0.0%	0.0%	0.0%	0.0%	0.0%	0.0%	0.0%
G	0.0%	0.0%	0.0%	0.0%	0.0%	0.0%	0.0%	0.0%	0.0%	0.0%	0.0%	0.0%	0.0%	0.0%	0.0%

注：红色黄底数字表示增减比率大于等于30%。

一、单位成本对比表

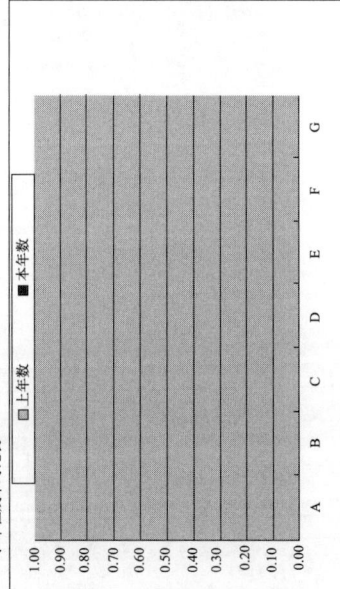

二、单位成本项目增减表

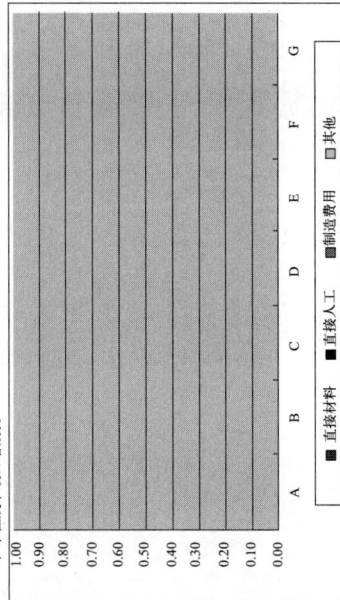

续表

三、单位成本结构增减表

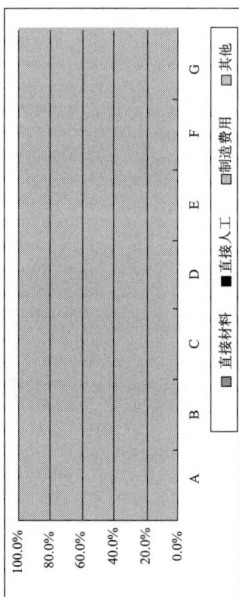

四、直接材料比重对比表

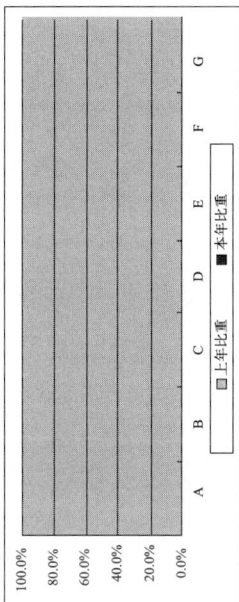

五、直接人工比重对比表

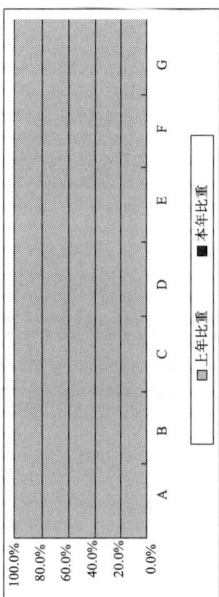

六、制造费用比重对比表

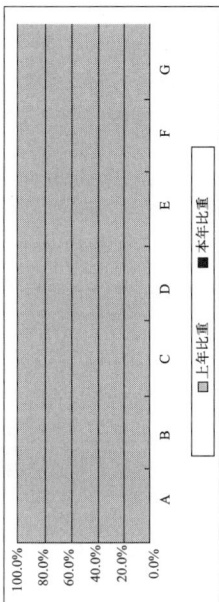

七、其他费用比重对比表

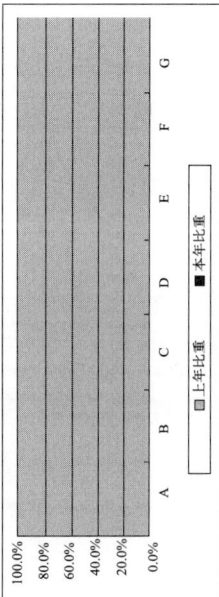

审计结论:

鱼姐："这些表格也是在各个群里下载的，大家可以参考参考。"

仲夏："谢了哈，鱼姐。"

丽娟："鱼姐咋这么多干货呢？"

鱼姐："其实，网上看到的干货，不管目前用得上用不上，我都习惯收集起来，然后不定期整理，这样自然就不会有'货到用时方恨少'的感慨了。"

第 9 章
成本会计的实务演练

月末和月初是会计最忙碌的时期，月末忙于结账，月初忙于报税，就这样每月循环着做账、结账、报税。成本会计虽然不需要报税，但月末也是一个月中最忙的时候。那么，到底成本会计月末需要做些什么呢？

通过前面章节的学习，我们知道了成本会计需要掌握的基本知识。本章将以金蚂蚁公司 2022 年 1 月的业务为例，来模拟成本核算的流程。现在就开始实务演练吧！

9.1 企业概况

要想做好成本核算，首先得了解企业的背景资料及其组织结构。

（1）企业背景资料

企业名称：金蚂蚁设备配件有限公司

成立时间：2019 年

公司地点：辽宁省沈阳市高新区

公司规模：注册资本 1000 万元，从业人数 50 人，年销售额 1000 万元。

生产车间状况：机加工车间、热处理车间、机修车间（辅助车间）。

专业设备：机加工设备、检测设备等。

主要产品：风帽。

（2）企业组织结构

金蚂蚁公司的组织结构如图 9-1 所示。

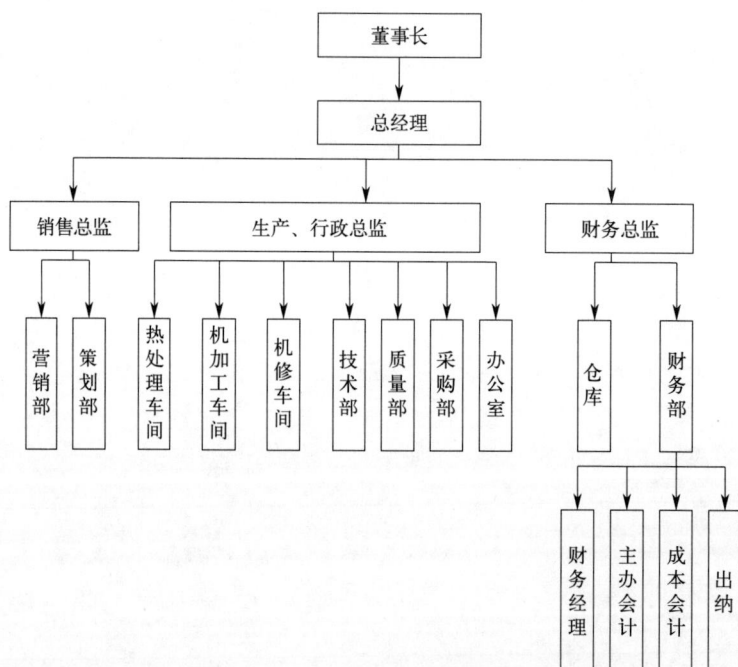

图 9-1 金蚂蚁公司组织结构图

根据成本核算的要求，我们只需关注生产部门，包括三个车间，如表 9-1 所示。

表 9-1　金蚂蚁公司的三个车间及生产流程

生产车间		成本核算	
基本生产车间	热处理车间	加工成品：风帽毛坯 热处理车间制造费用→热处理车间生产成本→自制半成品	各部门发生的费用，分别计入各自的生产成本与制造费用中
	机加工车间	机加工车间的加工成品是最终产品——风帽 热处理车间生产成本→自制半成品成本→机加工车间成本→产成品成本	
辅助生产车间	机修车间	期末按照受益对象分别转入机加工车间和热处理车间，最终计入产品成本。即： 机修车间制造费用→机修车间生产成本→机加工车间和热处理车间制造费用及管理费用	

（3）企业生产工艺流程

金蚂蚁公司的生产工艺流程如图 9-2 所示。

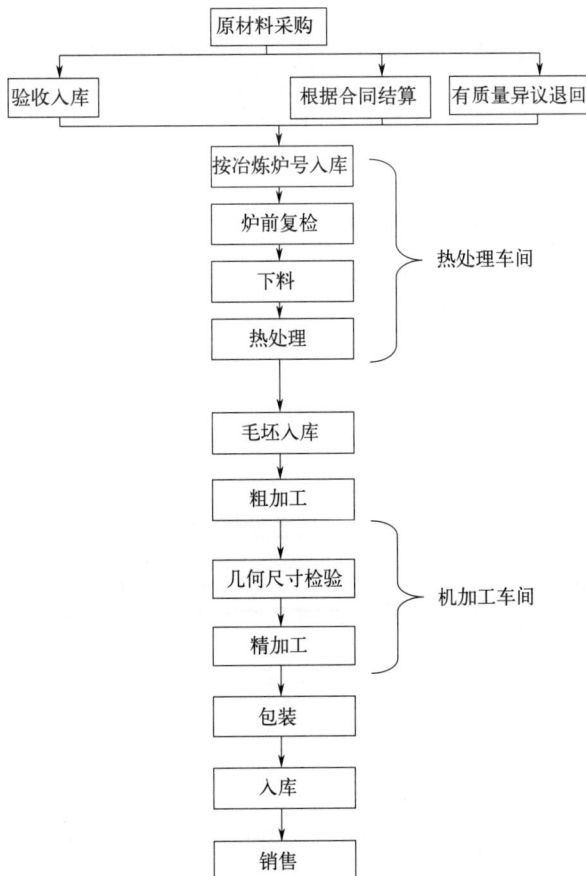

图 9-2　生产工艺流程图

（4）成本核算方法

存货发出使用移动加权平均法。

（5）产品生产流程及计算流程说明

① 产品生产流程

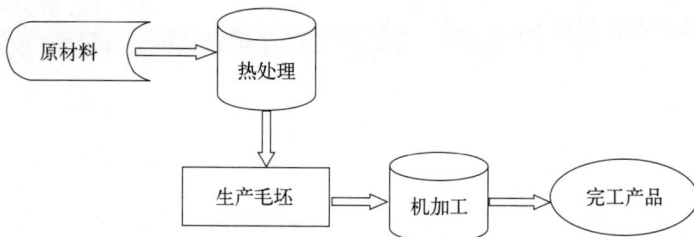

② 生产成本计算流程

辅助生产车间——机修车间：为热处理、机加工以及管理部门服务。

基本生产车间——热处理车间：工作目的是生产出半成品毛坯。

基本生产车间——机加工车间：工作目的是生产出合格产成品。

9.2 实务演练

【演练1】领用原材料

业务流程：

收集原材料仓2022年1月的领料单（如图9-3所示），编制原材料领用汇总表并计算领料成本。

领料单   NO.202201001

领用部门：热处理   日期：2022年1月7日

品名	规格	单位	数量	单价	金额	备注	第
25Cr2MoV		吨	20				二
							联
							财
							务
合计							联

领料人： 李某   仓管员：   秦某

领料单

NO.202201002

领用部门：热处理

日期：2022 年 1 月 9 日

品名	规格	单位	数量	单价	金额	备注	
45#		吨	20				第
							二
							联
合计							财

领料人：　李某　　仓管员：　秦某

领料单

NO.202201003

领用部门：热处理

日期：2022 年 1 月 12 日

品名	规格	单位	数量	单价	金额	备注	
NbTiB		吨	100				第
							二
							联
合计							财

领料人：　李某　　仓管员：　秦某

领料单

NO.202201004

领用部门：热处理

日期：2022 年 1 月 15 日

品名	规格	单位	数量	单价	金额	备注	
中板 30		吨	10				第
							二
							联
合计							财

领料人：　李某　　仓管员：　秦某

领料单

NO.202201005

领用部门：热处理

日期：2022 年 1 月 16 日

品名	规格	单位	数量	单价	金额	备注	
25Cr2MoV		吨	10				第
中板		吨	5				二
							联
合计							财

领料人：　李某　　仓管员：　秦某

图 9-3

领料单

领用部门：热处理　　　　　　　　　　　　　　　　　　　日期：2022 年 1 月 20 日

品名	规格	单位	数量	单价	金额	备注	第
35CrMo		吨	5				二
圆钢		吨	200				联
							财
合计							务

领料人：　李某　　仓管员：　秦某　　　　　　　　　　　　　　　　　　　　联

领料单

NO.202201007

领用部门：热处理　　　　　　　　　　　　　　　　　　　日期：2022 年 1 月 21 日

品名	规格	单位	数量	单价	金额	备注	第
25Cr2Mo1V		吨	10				二
							联
							财
							务
合计							

领料人：　李某　　仓管员：　秦某　　　　　　　　　　　　　　　　　　　　联

领料单

NO.202201008

领用部门：热处理　　　　　　　　　　　　　　　　　　　日期：2022 年 1 月 21 日

品名	规格	单位	数量	单价	金额	备注	第
45#		吨	10				二
							联
							财
							务
合计							

领料人：　李某　　仓管员：　秦某　　　　　　　　　　　　　　　　　　　　联

领料单

NO.202201009

领用部门：热处理　　　　　　　　　　　　　　　　　　　日期：2022 年 1 月 22 日

品名	规格	单位	数量	单价	金额	备注	第
圆钢		吨	300				二
							联
							财
							务
合计							

领料人：　李某　　仓管员：　秦某　　　　　　　　　　　　　　　　　　　　联

领用部门：热处理　　　　　　　　　　　　　　　　　日期：2022 年 1 月 23 日

品名	规格	单位	数量	单价	金额	备注	第
C-422		吨	40				二
							联
							财
							务
合计							联

领料人：　　李某　　仓管员：　　秦某

领料单　　　　　　　　　　　　　　　　　　　　　NO.202201011

领用部门：热处理　　　　　　　　　　　　　　　　　日期：2022 年 1 月 23 日

品名	规格	单位	数量	单价	金额	备注	第
25Cr2Mo1V		吨	10				二
							联
							财
							务
合计							联

领料人：　　李某　　仓管员：　　秦某

领料单　　　　　　　　　　　　　　　　　　　　　NO.202201012

领用部门：热处理　　　　　　　　　　　　　　　　　日期：2022 年 1 月 23 日

品名	规格	单位	数量	单价	金额	备注	第
圆钢		吨	20				二
NbTiB		吨	40				联
							财
							务
合计							联

领料人：　　李某　　仓管员：　　秦某

图 9-3　领料单

演练解读：

车间领用材料应填制领料单，领料单上应注明使用部门。领料单一式三联，业务联由领料部门留存，记账联由仓库留存并据此登记材料明细账，财务联交给财务部门。

成本会计根据领料单编制原材料领用汇总表，单价根据原材料明细账（如图 9-4 所示）截至本业务处理前的单价核算。

原 材 料

存货地点：原材料仓　　　　　　　　　　　　　　　名称：中板30　单位：吨

2022年 月	日	凭证 字	号	摘要	借方 数量	单价	十亿千百十万千百十元角分	贷方 数量	单价	十亿千百十万千百十元角分	借或贷	余额 数量	单价	十亿千百十万千百十元角分
1				……							借	30.00	5,000.00	1 5 0 0 0 0 0 0

原 材 料

存货地点：原材料仓　　　　　　　　　　　　　　　名称：圆钢55-12　单位：吨

2022年 月	日	凭证 字	号	摘要	借方 数量	单价	十亿千百十万千百十元角分	贷方 数量	单价	十亿千百十万千百十元角分	借或贷	余额 数量	单价	十亿千百十万千百十元角分
1				……							借	550.00	3,000.00	1 6 5 0 0 0 0 0 0

原 材 料

存货地点：原材料仓　　　　　　　　　　　　　　　名称：C-422　单位：吨

2022年 月	日	凭证 字	号	摘要	借方 数量	单价	十亿千百十万千百十元角分	贷方 数量	单价	十亿千百十万千百十元角分	借或贷	余额 数量	单价	十亿千百十万千百十元角分
1				……							借	50	25,000.00	1 2 5 0 0 0 0 0 0

原 材 料

存货地点：原材料仓　　　　　　　　　　　　　　　名称：NbTiB　单位：吨

2022年 月	日	凭证 字	号	摘要	借方 数量	单价	十亿千百十万千百十元角分	贷方 数量	单价	十亿千百十万千百十元角分	借或贷	余额 数量	单价	十亿千百十万千百十元角分
1				……							借	200	17,000.00	3 4 0 0 0 0 0 0

原 材 料

存货地点：原材料仓　　　　　　　　　　　　　　　名称：35CrMo　单位：吨

2022年 月	日	凭证 字	号	摘要	借方 数量	单价	十亿千百十万千百十元角分	贷方 数量	单价	十亿千百十万千百十元角分	借或贷	余额 数量	单价	十亿千百十万千百十元角分
1				……							借	10.00	3,000.00	3 0 0 0 0 0 0

原 材 料

存货地点：原材料仓　　　　　　　　　　　　　　　名称：25Cr2MoV　单位：吨

2022年 月	日	凭证 字	号	摘要	借方 数量	单价	十亿千百十万千百十元角分	贷方 数量	单价	十亿千百十万千百十元角分	借或贷	余额 数量	单价	十亿千百十万千百十元角分
1				……							借	30.00	10,000.00	3 0 0 0 0 0 0 0

原 材 料

存货地点：原材料仓　　　　　　　　　　　　　　　名称：25Cr2MolV　单位：吨

2022年 月	日	凭证 字	号	摘要	借方 数量	单价	十亿千百十万千百十元角分	贷方 数量	单价	十亿千百十万千百十元角分	借或贷	余额 数量	单价	十亿千百十万千百十元角分
1				……							借	30.00	15,000.00	4 5 0 0 0 0 0 0

原 材 料

存货地点：原材料仓　　　　　　　　　　　　　　　名称：45#　单位：吨

2022年 月	日	凭证 字	号	摘要	借方 数量	单价	十亿千百十万千百十元角分	贷方 数量	单价	十亿千百十万千百十元角分	借或贷	余额 数量	单价	十亿千百十万千百十元角分
1				……							借	30.00	5,000.00	1 5 0 0 0 0 0 0

图9-4　原材料明细账

　　根据领料单上的数量统计，在原材料明细账中找出对应的原料成本单价，两者的乘积也就是原料的耗用成本。编制的原材料领用汇总表如表9-2所示。

表9-2 原材料领用汇总表

使用部门	品名	单位	领用数量	单价	金额
热处理	25Cr2Mo1V	吨	20	15 000.00	300 000.00
热处理	25Cr2MoV	吨	30	10 000.00	300 000.00
热处理	35CrMo	吨	5	3 000.00	15 000.00
热处理	45# 钢	吨	30	5 000.00	150 000.00
热处理	C-422	吨	40	25 000.00	1 000 000.00
热处理	NbTiB	吨	140	17 000.00	2 380 000.00
热处理	圆钢 55-12	吨	520	3 000.00	1 560 000.00
热处理	中板 30	吨	15	5 000.00	75 000.00
合计					5 780 000.00

以原材料领用汇总表及领料单作为原始凭证进行账务处理。

业务描述：

2022 年 1 月，热处理车间领用原材料 5 780 000 元。

账务处理：

该业务应编制的会计分录为：

借：生产成本——直接材料（热处理）　　　　　5 780 000

　　贷：原材料　　　　　　　　　　　　　　　　　　5 780 000

该业务应编制的记账凭证如图 9-5 所示。

记 账 凭 证

2022 年 1 月 31 日　　　　　　　　　　　　　　　　第 227 号

摘要	会计科目		借方金额	贷方金额	记账 √
	总账科目	明细科目			
热处理车间 1 月领用原材料	生产成本	直接材料（热处理）	5 780 000.00		
	原材料			5 780 000.00	
合计			￥5 780 000.00	￥5 780 000.00	

财务主管：　　　　记账：　　　　出纳：　　　　审核：　　　　　制单：小白

图 9-5　记账凭证

登记的原材料明细账如图 9-6 所示。

原 材 料

存货地点：原材料仓　　　　　　　　　　　　　　　　名称：中板30　单位：吨

2022年 月/日	凭证 字/号	摘要	借方 数量	借方 单价	借方 金额	贷方 数量	贷方 单价	贷方 金额	借或贷	余额 数量	余额 单价	余额 金额
1		……							借	30.00	5,000.00	15000000
1/31	记/227	热处理车间1月领用原材料				15.00	5,000.00	7500000	借	15.00	5,000.00	7500000

原 材 料

存货地点：原材料仓　　　　　　　　　　　　　　　　名称：圆钢55-12　单位：吨

2022年 月/日	凭证 字/号	摘要	借方 数量	借方 单价	借方 金额	贷方 数量	贷方 单价	贷方 金额	借或贷	余额 数量	余额 单价	余额 金额
1		……							借	550.00	3,000.00	165000000
1/31	记/227	热处理车间1月领用原材料				520.00	3,000.00	156000000	借	30.00	3,000.00	9000000

原 材 料

存货地点：原材料仓　　　　　　　　　　　　　　　　名称：C-422　单位：吨

2022年 月/日	凭证 字/号	摘要	借方 数量	借方 单价	借方 金额	贷方 数量	贷方 单价	贷方 金额	借或贷	余额 数量	余额 单价	余额 金额
1		……							借	50	25,000.00	125000000
1/31	记/227	热处理车间1月领用原材料				40.00	25,000.00	100000000	借	10	25,000.00	25000000

原 材 料

存货地点：原材料仓　　　　　　　　　　　　　　　　名称：NbTiB　单位：吨

2022年 月/日	凭证 字/号	摘要	借方 数量	借方 单价	借方 金额	贷方 数量	贷方 单价	贷方 金额	借或贷	余额 数量	余额 单价	余额 金额
1		……							借	200	17,000.00	340000000
1/31	记/227	热处理车间1月领用原材料				140.00	17,000.00	238000000	借	60	17,000.00	102000000

原 材 料

存货地点：原材料仓　　　　　　　　　　　　　　　　名称：35CrMo　单位：吨

2022年 月/日	凭证 字/号	摘要	借方 数量	借方 单价	借方 金额	贷方 数量	贷方 单价	贷方 金额	借或贷	余额 数量	余额 单价	余额 金额
1		……							借	10.00	3,000.00	3000000
1/31	记/227	热处理车间1月领用原材料				5.00	3,000.00	1500000	借	5.00	3,000.00	1500000

原 材 料

存货地点：原材料仓　　　　　　　　　　　　　　　　名称：25Cr2MoV　单位：吨

2022年 月/日	凭证 字/号	摘要	借方 数量	借方 单价	借方 金额	贷方 数量	贷方 单价	贷方 金额	借或贷	余额 数量	余额 单价	余额 金额
1		……							借	30.00	10,000.00	30000000
1/31	记/227	热处理车间1月领用原材料				30.00	10,000.00	30000000	平			

原 材 料

存货地点：原材料仓　　　　　　　　　　　　　　　　名称：25Cr2MolV　单位：吨

2022年 月/日	凭证 字/号	摘要	借方 数量	借方 单价	借方 金额	贷方 数量	贷方 单价	贷方 金额	借或贷	余额 数量	余额 单价	余额 金额
1		……							借	30.00	15,000.00	45000000
1/31	记/227	热处理车间1月领用原材料				20.00	15,000.00	30000000	借	10.00	15,000.00	15000000

原 材 料

存货地点：原材料仓　　　　　　　　　　　　　　　　名称：45#　单位：吨

2022年 月/日	凭证 字/号	摘要	借方 数量	借方 单价	借方 金额	贷方 数量	贷方 单价	贷方 金额	借或贷	余额 数量	余额 单价	余额 金额
1		……							借	30.00	5,000.00	15000000
1/31	记/227	热处理车间1月领用原材料				30.00	5,000.00	15000000				0

图 9-6　原材料明细账

登记的生产成本明细账如图 9-7 所示。

生 产 成 本

部门：热处理

2022年 月/日	凭证 字/号	摘要	合计	直接材料	直接人工	制造费用
1		……				
1/31	记/227	热处理车间1月领用原材料	57800000	57800000		

图 9-7　生产成本明细账

【演练2】领用辅料

业务流程：

收集原材料仓 2022 年 1 月的领料单（如图 9-8 所示），编制辅料领用汇总表并计算领料成本。

领料单

NO.202201101

领用部门：管理部门 　　　　　　　　　　　　　　　　　　　日期：2022 年 1 月 17 日

品名	规格	单位	数量	单价	金额	备注	
氧气		瓶	20				第二联
							财务联
合计							

领料人：　李某　　　仓管员：　秦某

领料单

NO.202201102

领用部门：管理部门 　　　　　　　　　　　　　　　　　　　日期：2022 年 1 月 15 日

品名	规格	单位	数量	单价	金额	备注	
氧气		瓶	140				第二联
							财务联
合计							

领料人：　李某　　　仓管员：　秦某

领料单

NO.202201103

领用部门：机修 　　　　　　　　　　　　　　　　　　　　　日期：2022 年 1 月 16 日

品名	规格	单位	数量	单价	金额	备注	
锂基脂	18L	桶	5				第二联
焊条		公斤	100				
							财务联
合计							

领料人：　李某　　　仓管员：　秦某

图 9-8

领料单

NO.202201104

领用部门：热处理　　　　　　　　　　　　　　　　　　　　日期：2022 年 1 月 17 日

品名	规格	单位	数量	单价	金额	备注	第二联 财务联
乙炔气		瓶	150				
合计							

领料人：　李某　　仓管员：　　秦某

领料单

NO.202201105

领用部门：机加工　　　　　　　　　　　　　　　　　　　　日期：2022 年 1 月 18 日

品名	规格	单位	数量	单价	金额	备注	第二联 财务联
钻头	110mm	个	300				
合计							

领料人：　李某　　仓管员：　　秦某

领料单

NO.202201106

领用部门：机修　　　　　　　　　　　　　　　　　　　　日期：2022 年 1 月 20 日

品名	规格	单位	数量	单价	金额	备注	第二联 财务联
锂基脂	18L	桶	5				
合计							

领料人：　李某　　仓管员：　　秦某

图 9-8　领料单

演练解读：

车间领用材料应填制领料单，领料单上应注明使用部门。领料单一式三联，业务联由领料部门留存，记账联由仓库留存并据此登记材料明细账，财务联交给财务部门。

成本会计根据领料单编制原材料领用汇总表，单价根据原材料明细账（如图 9-9 所示）截至本业务处理前的单价（余额）核算。

原 材 料

存货地点：辅料仓　　　　　　　　　　　　　　　　　　　　　　名称：110mm钻头　　单位：个

2022年		凭证		摘要	借　方			贷　方			借或贷	余　额		
月	日	字	号		数量	单价	十亿千百十万千百十元角分	数量	单价	十亿千百十万千百十元角分		数量	单价	十亿千百十万千百十元角分
1				……							借	1,000.00	70.00	7 0 0 0 0 0 0

原 材 料

存货地点：辅料仓　　　　　　　　　　　　　　　　　　　　　　名称：锂基脂18L　　单位：桶

2022年		凭证		摘要	借　方			贷　方			借或贷	余　额		
月	日	字	号		数量	单价	十亿千百十万千百十元角分	数量	单价	十亿千百十万千百十元角分		数量	单价	十亿千百十万千百十元角分
1				……							借	100.00	450.00	4 5 0 0 0 0 0

原 材 料

存货地点：辅料仓　　　　　　　　　　　　　　　　　　　　　　名称：乙炔气　　单位：瓶

2022年		凭证		摘要	借　方			贷　方			借或贷	余　额		
月	日	字	号		数量	单价	十亿千百十万千百十元角分	数量	单价	十亿千百十万千百十元角分		数量	单价	十亿千百十万千百十元角分
1				……							借	800.00	100.00	8 0 0 0 0 0 0

原 材 料

存货地点：辅料仓　　　　　　　　　　　　　　　　　　　　　　名称：焊条　　单位：公斤

2022年		凭证		摘要	借　方			贷　方			借或贷	余　额		
月	日	字	号		数量	单价	十亿千百十万千百十元角分	数量	单价	十亿千百十万千百十元角分		数量	单价	十亿千百十万千百十元角分
1				……							借	1,200.00	60.00	7 2 0 0 0 0 0

原 材 料

存货地点：辅料仓　　　　　　　　　　　　　　　　　　　　　　名称：氧气　　单位：瓶

2022年		凭证		摘要	借　方			贷　方			借或贷	余　额		
月	日	字	号		数量	单价	十亿千百十万千百十元角分	数量	单价	十亿千百十万千百十元角分		数量	单价	十亿千百十万千百十元角分
1				……							借	300.00	25.00	7 5 0 0 0 0

图 9-9　原材料明细账

　　根据领料单上的数量统计，在原材料明细账中找出对应的辅料成本单价，两者的乘积也就是辅料的耗用成本。编制的辅料领用汇总表如表 9-3 所示。

表 9-3　辅料领用汇总表

领用部门	品名	单位	领用数量	单价	金额
热处理	乙炔气	瓶	150	100	15 000.00
机加工	110mm 钻头	个	300	70	21 000.00
机修	锂基脂 18L	桶	10	450	4 500.00
机修	焊条	公斤	100	60	6 000.00
管理	氧气	瓶	160	25	4 000.00
合计					50 500.00

　　以辅料领用汇总表及领料单作为原始凭证进行账务处理。

业务描述：

2022年1月，热处理车间领用辅料15 000元，机加工车间领用辅料21 000元，机修车间领用辅料10 500元，管理部门领用辅料4 000元，合计50 500元。

账务处理：

该业务应编制的会计分录为：

借：生产成本——直接材料（热处理）　　　　　　　15 000

　　生产成本——直接材料（机加工）　　　　　　　21 000

　　制造费用——物料消耗　　　　　　　　　　　　10 500

　　管理费用——物料消耗　　　　　　　　　　　　 4 000

　　贷：原材料——辅料　　　　　　　　　　　　　　　　50 500

该业务应编制的记账凭证如图9-10所示。

记　账　凭　证

2022 年 1 月 31 日　　　　　　　　　　　　　　第 228 号

摘要	会计科目		借方金额	贷方金额	记账√
	总账科目	明细科目			
汇总1月领用辅料	生产成本	直接材料（热处理）	15 000.00		
	生产成本	直接材料（机加工）	21 000.00		
	制造费用	物料消耗	10 500.00		
	管理费用	物料消耗	4 000.00		
	原材料	辅料		50 500.00	
合计			￥50 500.00	￥50 500.00	

财务主管：　　　记账：　　　　出纳：　　　　审核：　　　　制单：小白

图 9-10　记账凭证

登记的原材料明细账如图9-11所示。

登记的生产成本明细账、制造费用明细账如图9-12所示。

原 材 料

存货地点：辅料仓　　　　　　　　　　　　　　　名称：110mm钻头　单位：个

2022年		凭证		摘要	借方			贷方			结存	余额		
月	日	字	号		数量	单价	十亿千百十万千百十元角分	数量	单价	十亿千百十万千百十元角分	值	数量	单价	十亿千百十万千百十元角分
				…… ……								4,600.00	70.00	700000
1	31	记	228	汇总1月领用辅料				300.00	70.00	2100000		700.00	70.00	4900000

原 材 料

存货地点：辅料仓　　　　　　　　　　　　　　　名称：硅基釉18L　单位：桶

2022年		凭证		摘要	借方			贷方			结存	余额		
月	日	字	号		数量	单价	十亿千百十万千百十元角分	数量	单价	十亿千百十万千百十元角分	值	数量	单价	十亿千百十万千百十元角分
				…… ……										4500000
1	31	记	228	汇总1月领用辅料				100.00	450.00	4500000		90.00	450.00	4050000

原 材 料

存货地点：辅料仓　　　　　　　　　　　　　　　名称：乙炔气　单位：瓶

2022年		凭证		摘要	借方			贷方			结存	余额		
月	日	字	号		数量	单价	十亿千百十万千百十元角分	数量	单价	十亿千百十万千百十元角分	值	数量	单价	十亿千百十万千百十元角分
				…… ……								600.00	100.00	6000000
1	31	记	228	汇总1月领用辅料				150.00	100.00	1500000		450.00	100.00	4500000

原 材 料

存货地点：辅料仓　　　　　　　　　　　　　　　名称：煤炭　单位：公斤

2022年		凭证		摘要	借方			贷方			结存	余额		
月	日	字	号		数量	单价	十亿千百十万千百十元角分	数量	单价	十亿千百十万千百十元角分	值	数量	单价	十亿千百十万千百十元角分
				…… ……								1,300.00	60.00	7200000
1	31	记	228	汇总1月领用辅料				100.00	60.00	6000000		1,100.00	60.00	6600000

原 材 料

存货地点：辅料仓　　　　　　　　　　　　　　　名称：氧气　单位：瓶

2022年		凭证		摘要	借方			贷方			结存	余额		
月	日	字	号		数量	单价	十亿千百十万千百十元角分	数量	单价	十亿千百十万千百十元角分	值	数量	单价	十亿千百十万千百十元角分
				…… ……								300.00	25.00	750000
1	31	记	228	汇总1月领用辅料				160.00	25.00	4000000		140.00	25.00	3500000

图 9-11　原材料明细账

生 产 成 本

部门：热处理

2022年		凭证		摘要	合计	直接材料	直接人工	制造费用
月	日	字	号		十亿千百十万千百十元角分	十亿千百十万千百十元角分	十亿千百十万千百十元角分	十亿千百十万千百十元角分
				…… ……				
1	31	记	228	汇总1月领用辅料	1500000	1500000		

生 产 成 本

部门：机加工

2022年		凭证		摘要	合计	直接材料	直接人工	制造费用
月	日	字	号		十亿千百十万千百十元角分	十亿千百十万千百十元角分	十亿千百十万千百十元角分	十亿千百十万千百十元角分
				…… ……				
1	31	记	228	汇总1月领用辅料	2100000	2100000		

制 造 费 用

2022年		凭证		摘要	合计	工资	……	物料消耗
月	日	字	号		十亿千百十万千百十元角分	十亿千百十万千百十元角分	十亿千百十万千百十元角分	十亿千百十万千百十元角分
				…… ……				
1	31	记	228	汇总1月领用辅料	1050000			1050000

图 9-12　生产成本/制造费用明细账

【演练3】计提工资

业务流程：

根据人力资源部编制的工资表（如表9-4所示）编制工资计提表并进行工资分配。

演练解读：

根据人力资源部编制的工资表中的应发工资部分，按部门编制工资计提表（如表9-5所示）。

表 9-4 工资表

金蚂蚁设备配件有限公司 2022 年 1 月工资表

序号	姓名	基本工资	岗位津贴	职称补助	工龄工资	加班工资	伙食补贴	奖金	应发工资	免征额	专项扣除（社保）	专项附加扣除	扣除合计	工资累计	扣除累计	前1个月月个税累计	个人所得税	其他扣款	实发工资
	部门：热处理																		
1	赵某	5 000.00	100	500.00	500.00	100.00	300.00	2 000.00	8 500.00	5 000.00	525.00	4 400.00	4 925.00	17 000.00	9 850.00				7 975.00
2	钱某	5 000.00	100	500.00	500.00	100.00	300.00	2 000.00	8 500.00	5 000.00	525.00	4 100.00	4 625.00	17 000.00	9 250.00				7 975.00
3	孙某	5 000.00	100	200.00	500.00	100.00	60.00	1 000.00	6 960.00	5 000.00	525.00	4 300.00	4 825.00	13 920.00	9 650.00				6 435.00
4	李某	5 000.00	100	100.00	500.00	100.00		500.00	6 300.00	5 000.00	525.00	3 100.00	3 625.00	12 600.00	7 250.00				5 775.00
5	周某	5 000.00	100	100.00	500.00	100.00		500.00	6 300.00	5 000.00	525.00	4 100.00	4 625.00	12 600.00	9 250.00				5 775.00
6	吴某	5 000.00	100	100.00	500.00	100.00		500.00	6 300.00	5 000.00	525.00	4 300.00	4 825.00	12 600.00	9 650.00				5 775.00
7	郑某	5 000.00	100	50.00	500.00	100.00		500.00	6 250.00	5 000.00	525.00	5 100.00	5 625.00	12 500.00	11 250.00				5 725.00
8	王某	5 000.00	100		500.00	100.00		200.00	5 900.00	5 000.00	525.00	4 300.00	4 825.00	11 800.00	9 650.00				5 375.00
9	蓝某	5 000.00	100		500.00	100.00		200.00	5 900.00	5 000.00	525.00	4 100.00	4 625.00	11 800.00	9 250.00				5 375.00
10	张某	5 000.00	100		500.00	100.00		60.00	5 760.00	5 000.00	525.00	4 100.00	4 625.00	11 520.00	9 250.00				5 235.00
11	邹某	4 000.00	50		400.00	50.00			4 500.00	5 000.00	420.00	4 100.00	4 520.00	9 000.00	9 040.00				4 080.00
12	田某	4 000.00	50		400.00	50.00			4 500.00	5 000.00	420.00	4 100.00	4 520.00	9 000.00	9 040.00				4 080.00
13	彭某	4 000.00	50		400.00	50.00			4 500.00	5 000.00	420.00	4 100.00	4 520.00	9 000.00	9 040.00				4 080.00
14	覃某	4 000.00	50		400.00	50.00			4 500.00	5 000.00	420.00	4 100.00	4 520.00	9 000.00	9 040.00				4 080.00
15	黄某	4 000.00	50		400.00	50.00			4 500.00	5 000.00	420.00	4 100.00	4 520.00	9 000.00	9 040.00				4 080.00
16	陈某	4 000.00	50		400.00	50.00			4 500.00	5 000.00	420.00	4 100.00	4 520.00	9 000.00	9 040.00				4 080.00
17	刘某	4 000.00	50		400.00	50.00			4 500.00	5 000.00	420.00	4 100.00	4 520.00	9 000.00	9 040.00				4 080.00
……																			
	合计	262 310	3 480	2 810	14 740	3 380	3 680	17 850	308 250	250 000.00	24 000.00	200 000.00	474 000.00	611 202.00	948 000.00	0.00	0.00	0.00	284 250.00

表 9-5　工资计提表

部门	基本工资	岗位津贴	职称补助	工龄工资	加班工资	伙食补贴	奖金	应发工资
热处理	105 620.00	2 100.00	1 550.00	12 010.00	1 400.00	660.00	7 460.00	130 800.00
机加工	88 970.00	780.00	220.00	790.00	1 020.00	1 540.00	4 570.00	97 890.00
机修	54 320.00	340.00	560.00	1 020.00	960.00	1 360.00	5 720.00	64 280.00
管理部门	13 400.00	260.00	480.00	920.00		120.00	100.00	15 280.00
合计	262 310.00	3 480.00	2 810.00	14 740.00	3 380.00	3 680.00	17 850.00	308 250.00

金蚂蚁设备配件有限公司 2022 年 1 月工资计提表

以工资计提表作为原始凭证进行账务处理。

业务描述：

计提 2022 年 1 月各部门工资 308 250 元，其中：热处理车间为 130 800 元，机加工车间为 97 890 元，机修车间为 64 280 元，管理部门为 15 280 元。

账务处理：

该业务应编制的会计分录为：

借：生产成本——直接人工（热处理）　　　　　130 800
　　生产成本——直接人工（机加工）　　　　　97 890
　　制造费用——工资　　　　　　　　　　　　64 280
　　管理费用——工资　　　　　　　　　　　　15 280
　　贷：应付职工薪酬——工资　　　　　　　　　　　　308 250

该业务应编制的记账凭证如图 9-13 所示。

记　账　凭　证

2022 年 1 月 31 日　　　　　　　　　　　　　　　　　　　　　第 229 号

摘要	会计科目		借方金额	贷方金额	记账 √
	总账科目	明细科目			
计提 1 月工资	生产成本	直接人工（热处理）	130 800.00		
	生产成本	直接人工（机加工）	97 890.00		
	制造费用	工资	64 280.00		
	管理费用	工资	15 280.00		
	应付职工薪酬	工资		308 250.00	
合计			￥308 250.00	￥308 250.00	

财务主管：　　　　记账：　　　　出纳：　　　　审核：　　　　制单：小白

图 9-13　记账凭证

登记的生产成本明细账、制造费用明细账如图9-14所示。

生产成本

部门：热处理

2022年 月 日	凭证 字 号	摘　　要	合计 十亿千百十万千百十元角分	直接材料 十亿千百十万千百十元角分	直接人工 十亿千百十万千百十元角分	制造费用 十亿千百十万千百十元角分
1		……				
1 31	记 229	计提1月工资	1 3 0 8 0 0 0 0		1 3 0 8 0 0 0 0	

生产成本

部门：机加工

2022年 月 日	凭证 字 号	摘　　要	合计 十亿千百十万千百十元角分	直接材料 十亿千百十万千百十元角分	直接人工 十亿千百十万千百十元角分	制造费用 十亿千百十万千百十元角分
1		……				
1 31	记 229	计提1月工资	9 7 8 9 0 0 0 0		9 7 8 9 0 0 0 0	

制造费用

2022年 月 日	凭证 字 号	摘　　要	合计 十亿千百十万千百十元角分	工资 十亿千百十万千百十元角分	…… 十亿千百十万千百十元角分	…… 十亿千百十万千百十元角分
1		……				
1 31	记 229	计提1月工资	6 4 2 8 0 0 0 0	6 4 2 8 0 0 0 0		

图9-14　生产成本／制造费用明细账

【演练4】计提社保

业务流程：

根据人力资源部编制的社会保险费用计提表（如表9-6所示）进行社会保险费用分配。

表9-6　金蚂蚁设备配件有限公司2022年1月社会保险费用计提表

部门	养老保险	医疗保险	失业保险	工伤保险	合计
热处理	14 744.27	5 432.10	388.01	388.01	20 952.38
机加工	14 042.16	5 173.43	369.53	369.53	19 954.65
机修	10 531.62	3 880.07	277.15	277.15	14 965.99
管理部门	4 914.76	1 810.70	129.34	129.34	6 984.13
合计	44 232.80	16 296.30	1 164.02	1 164.02	62 857.14

演练解读：

这里只需对社会保险的单位部分进行分配，即社会保险费用计提表不包含个人部分。

以社会保险费用计提表作为原始凭证进行账务处理。

业务描述：

计提 2022 年 1 月各部门社会保险费用共计 62 857.14 元，其中：热处理车间为 20 952.38 元，机加工车间为 19 954.65 元，机修车间为 14 965.99 元，管理部门为 6 984.13 元。

账务处理：

该业务应编制的会计分录为：

借：生产成本——直接人工（热处理）　　　　　20 952.38

　　生产成本——直接人工（机加工）　　　　　19 954.65

　　制造费用——社会保险　　　　　　　　　　14 965.99

　　管理费用——社会保险　　　　　　　　　　 6 984.13

　　贷：应付职工薪酬——社会保险　　　　　　　　　　62 857.14

该业务应编制的记账凭证如图 9-15 所示。

记 账 凭 证

2022 年 1 月 31 日　　　　　　　　　　　　　　　　　　　　　　　第 230 号

摘要	会计科目		借方金额	贷方金额	记账 √
	总账科目	明细科目			
计提 1 月社保	生产成本	直接人工（热处理）	20 952.38		
	生产成本	直接人工（机加工）	19 954.65		
	制造费用	社会保险	14 965.99		
	管理费用	社会保险	6 984.13		
	应付职工薪酬	社会保险		62 857.14	
合计			￥62 857.14	￥62 857.14	

财务主管：　　　记账：　　　出纳：　　　审核：　　　制单：小白

图 9-15　记账凭证

登记的生产成本明细账、制造费用明细账如图 9-16 所示。

生产成本

部门：<u>热处理</u>

2022年		凭证		摘　要	合计	直接材料	直接人工	制造费用
月	日	字	号		十亿千百十万千百十元角分	十亿千百十万千百十元角分	十亿千百十万千百十元角分	十亿千百十万千百十元角分
1				……				
1	31	记	230	计提1月社保	2095238		2095238	

图 9-16

生产成本

部门：机加工

2022年 月 日	凭证 字 号	摘要	合计 十亿千百十万千百十元角分	直接材料 十亿千百十万千百十元角分	直接人工 十亿千百十万千百十元角分	制造费用 十亿千百十万千百十元角分
1		……				
1 31	记 230	计提1月社保	1995465		1995465	

制造费用

2022年 月 日	凭证 字 号	摘要	合计 十亿千百十万千百十元角分	…… ……	社会保险 十亿千百十万千百十元角分	…… ……
1		……				
1 31	记 230	计提1月社保	1496599		1496599	

图 9-16　生产成本 / 制造费用明细账

【演练 5】计提电费

业务流程：

根据人力资源部提供的电费统计表（如表 9-7 所示）进行电费分配。

表 9-7　金蚂蚁设备配件有限公司电费统计表

2022 年　1 月

序号	部门	用电量	度数	含税单价	含税金额	不含税成本
1	热处理	峰时用电	50 000	1	50 000.00	44 247.79
		平时用电	60 000	0.8	48 000.00	42 477.88
		谷时用电	100 000	0.5	50 000.00	44 247.79
		小计	210 000		148 000.00	130 973.45
2	机加工	峰时用电	55 000	1	55 000.00	48 672.57
		平时用电	100 000	0.8	80 000.00	70 796.46
		谷时用电	150 000	0.5	75 000.00	66 371.68
		小计	305 000		210 000.00	185 840.71
3	机修	峰时用电	10 000	1	10 000.00	8 849.56
		平时用电	20 000	0.8	16 000.00	14 159.29
		谷时用电	25 000	0.5	12 500.00	11 061.95
		小计	55 000		38 500.00	34 070.80
4	管理	平时用电	40 000	0.8	32 000.00	28 318.58
合计			610 000		428 500.00	379 203.54

演练解读：

这里只需以电费统计表中的不含税成本金额进行成本费用的分配。

以电费统计表作为原始凭证进行账务处理。

业务描述：

计提 2022 年 1 月各部门电费共计 379 203.54 元，其中：热处理车间为 130 973.45 元，机加工车间为 185 840.71 元，机修车间为 34 070.80 元，管理部门为 28 318.58 元。

账务处理：

该业务应编制的会计分录为：

借：生产成本——燃料动力（热处理）　　　　　130 973.45

　　生产成本——燃料动力（机加工）　　　　　185 840.71

　　制造费用——电费　　　　　　　　　　　　34 070.80

　　管理费用——电费　　　　　　　　　　　　28 318.58

　　贷：应付账款——供电公司　　　　　　　　　　379 203.54

该业务应编制的记账凭证如图 9-17 所示。

记 账 凭 证

2022 年 1 月 31 日　　　　　　　　　　　　　　　　　　　　　　　　第 231 号

摘要	会计科目		借方金额	贷方金额	记账 √
	总账科目	明细科目			
计提 1 月电费	生产成本	直接人工（热处理）	130 973.45		
	生产成本	直接人工（机加工）	185 840.71		
	制造费用	电费	34 070.80		
	管理费用	电费	28 318.58		
	应付账款	供电公司		379 203.54	
合计			￥379 203.54	￥379 203.54	

财务主管：　　　记账：　　　出纳：　　　审核：　　　制单：小白

图 9-17　记账凭证

登记的生产成本明细账、制造费用明细账如图 9-18 所示。

生 产 成 本

部门：热处理

2022年		凭证		摘　要	合计		燃料动力	
月	日	字	号		十亿千百十万千百十元角分		十亿千百十万千百十元角分	
1				……				
1	31	记	231	计提1月电费	130973 45		130973 45	

图 9-18

生产成本

部门：机加工

2022年		凭证		摘　　要	合计													……												燃料动力											……										
月	日	字	号		十	亿	千	百	十	万	千	百	十	元	角	分	十	亿	千	百	十	万	千	百	十	元	角	分	十	亿	千	百	十	万	千	百	十	元	角	分	十	亿	千	百	十	万	千	百	十	元	角	分
1				……																																																
1	31	记	231	计提1月电费				1	8	5	8	5	4	0	7	1																	1	8	5	8	5	4	0	7	1											

制造费用

2022年		凭证		摘　　要	合计													……												电费											……										
月	日	字	号		十	亿	千	百	十	万	千	百	十	元	角	分	十	亿	千	百	十	万	千	百	十	元	角	分	十	亿	千	百	十	万	千	百	十	元	角	分	十	亿	千	百	十	万	千	百	十	元	角	分
1				……																																																
1	31	记	231	计提1月电费					3	4	0	7	0	8	0																			3	4	0	7	0	8	0											

图 9-18　生产成本 / 制造费用明细账

【演练 6】计提固定资产折旧

业务流程：

根据账簿记录，编制固定资产折旧明细表（如表 9-8 所示）进行固定资产折旧的计提。

演练解读：

根据固定资产折旧明细表中的本月折旧金额，按其使用部门进行成本费用的分配。热处理、机加工及机修车间的折旧费先统一在"制造费用"会计科目下归集。

以固定资产折旧明细表作为原始凭证进行账务处理。

业务描述：

计提 2022 年 1 月各部门折旧费共计 54 387.51 元，其中：热处理车间为 25 729.17 元，机加工车间为 17 812.50 元，管理部门为 10 845.84 元。

账务处理：

该业务应编制的会计分录为：

借：制造费用——折旧费　　　　　　　　　　　43 541.67

　　管理费用——折旧费　　　　　　　　　　　10 845.84

　　　贷：累计折旧　　　　　　　　　　　　　　　 54 387.51

该业务应编制的记账凭证如图 9-19 所示。

单位：金鹦鹉设备配件有限公司

表9-8　固定资产折旧明细表（2022年1月）

编号	类别	名称	入账日期	单位	数量	单价	原值	折旧年限	应折旧月数	残值率	预计净残值	月折旧额	本月折旧	累计月份	累计折旧	账面净值	使用部门
1	房屋建筑物	办公楼	2019/4/17	幢	1	800 000.00	800 000.00	20	240	5%	40 000.00	3 166.67	3 166.67	33	104 500.11	695 499.89	管理部门
2	房屋建筑物	车间	2019/4/17	幢	1	500 000.00	500 000.00	20	240	5%	25 000.00	1 979.17	1 979.17	33	65 312.61	434 687.39	机加工车间
3	房屋建筑物	车间	2019/4/17	幢	1	500 000.00	500 000.00	20	240	5%	25 000.00	1 979.17	1 979.17	33	65 312.61	434 687.39	热处理车间
4	飞机火车轮船、机器机械其他生产设备	机床	2019/4/17	台	10	300 000.00	3 000 000.00	10	120	5%	150 000.00	23 750.00	23 750.00	33	783 750.00	2 216 250.00	热处理车间
5	飞机火车轮船、机器机械其他生产设备	车床	2019/4/17	台	10	200 000.00	2 000 000.00	10	120	5%	100 000.00	15 833.33	15 833.33	33	522 499.89	1 477 500.11	机加工车间
6	器具工具家具（与生产活动有关的）	办公桌	2019/4/17	套	5	3 000.00	15 000.00	5	60	5%	750.00	237.50	237.50	33	7 837.50	7 162.50	管理部门
7	器具工具家具（与生产活动有关的）	会议桌	2019/4/17	套	1	5 000.00	5 000.00	5	60	5%	250.00	79.17	79.17	33	2 612.61	2 387.39	管理部门
8	除飞机火车轮船外的运输工具	轿车	2019/4/17	辆	1	200 000.00	200 000.00	4	48	5%	10 000.00	3 958.33	3 958.33	33	130 624.89	69 375.11	管理部门
9	除飞机火车轮船外的运输工具	面包车	2019/4/17	辆	2	50 000.00	100 000.00	4	48	5%	5 000.00	1 979.17	1 979.17	33	65 312.61	34 687.39	管理部门
10	电子设备	美的空调	2019/4/17	台	3	10 000.00	30 000.00	3	36	5%	1 500.00	791.67	791.67	33	26 125.11	3 874.89	管理部门
11	电子设备	电脑	2019/4/17	台	5	3 000.00	15 000.00	3	36	5%	750.00	395.83	395.83	33	13 062.39	1 937.61	管理部门
12	电子设备	打印机	2019/4/17	台	1	2 000.00	2 000.00	3	36	5%	100.00	52.78	52.78	33	1 741.74	258.26	管理部门
13	电子设备	复印机	2019/4/17	台	1	2 000.00	2 000.00	3	36	5%	100.00	52.78	52.78	33	1 741.74	258.26	管理部门
14	电子设备	办公一体机	2019/4/17	台	1	5 000.00	5 000.00	3	36	5%	250.00	131.94	131.94	33	4 354.02	645.98	管理部门
		合计					7 174 000.00				358 700.00	54 387.51	54 387.51		1 794 787.83	5 379 212.17	

记 账 凭 证

2022 年 1 月 31 日 　　　　　　　　　　　　　　　　　　　　第 232 号

摘要	会计科目		借方金额	贷方金额	记账√
	总账科目	明细科目			
计提 1 月折旧费	制造费用	折旧费	43 541.67		
	管理费用	折旧费	10 845.84		
		累计折旧		54 387.51	
合计			￥54 387.51	￥54 387.51	

财务主管： 　　记账： 　　出纳： 　　审核： 　　制单：小白

图 9-19　记账凭证

登记的制造费用明细账如图 9-20 所示。

制造费用

图 9-20　生产成本 / 制造费用明细账

【演练 7】结转制造费用

业务流程：

根据制造费用明细账（如图 9-21 所示）结转制造费用。

制造费用

图 9-21　制造费用明细账

演练解读：

将制造费用明细账中的金额结转至"生产成本——制造费用"会计科目。

以制造费用明细账复印件作为原始凭证进行账务处理。

业务描述：

结转 2022 年 1 月制造费用共计 178 204.30 元。其中：物料消耗 10 500.00 元，工资 64 280.00 元，社会保险 14 965.99 元，电费 34 070.80 元，折旧费 54 387.51 元。

账务处理：

该业务应编制的会计分录为：

借：生产成本——制造费用　　　　　　　　　178 204.30

　　贷：制造费用——物料消耗　　　　　　　　　10 500.00

　　　　制造费用——工资　　　　　　　　　　　64 280.00

　　　　制造费用——社会保险　　　　　　　　　14 965.99

　　　　制造费用——电费　　　　　　　　　　　34 070.80

　　　　制造费用——折旧费　　　　　　　　　　54 387.51

该业务应编制的记账凭证如图 9-22 所示。

记 账 凭 证

2022 年 1 月 31 日　　　　　　　　　　　　　　　　　　　第 233 号

摘要	会计科目		借方金额	贷方金额	记账 √
	总账科目	明细科目			
结转 1 月制造费用	生产成本	制造费用	178 204.30		
	制造费用	物料消耗		10 500.00	
	制造费用	工资		64 280.00	
	制造费用	社会保险		14 965.99	
	制造费用	电费		34 070.80	
	制造费用	折旧费		54 387.51	
合计			￥178 204.30	￥178 204.30	

财务主管：　　　记账：　　　出纳：　　　审核：　　　制单：小白

图 9-22 记账凭证

登记的制造费用明细账如图 9-23 所示。

制造费用

2022年 月	日	凭证 字	号	摘要	合计 十亿千百十万千百十元角分	工资 十亿千百十万千百十元角分	社会保险 十亿千百十万千百十元角分	物料消耗 十亿千百十万千百十元角分	电费 十亿千百十万千百十元角分	折旧费 十亿千百十万千百十元角分
1										
1	31	记	228	汇总1月领用辅料	1050000			1050000		
1	31	记	229	计提1月工资	6428000	6428000				
1	31	记	230	计提1月社保	1496599		1496599			
1	31	记	231	计提1月电费	3407080				3407080	
1	31	记	232	计提1月折旧费	5438751					5438751
1	31	记	233	结转1月制造费用	17820430	6428000	1496599	1050000	3407080	5438751

图 9-23　制造费用明细账

【演练 8】结转热处理车间生产成本

业务流程：

月末，需对热处理车间的结余材料进行盘点，并编制月末材料盘点表（如表9-9所示）计算该车间结余材料的价值。

表 9-9　月末材料盘点表

2022 年　1 月

品名	单位	数量	单价	金额
NbTiB	吨	10		
圆钢 55-12	吨	40		
合计				

根据半成品仓提供的入库单（如图 9-24 所示）计算分配热处理车间的成本，并编制热处理车间生产成本计算表。

演练解读：

月末材料盘点表中的单价需查找原材料明细账中对应材料的最后一笔余额单价。如图 9-25、图 9-26 所示。

入库单　　　　　　　　　　　　　NO.202201001

生产部门：热处理　　　　　　　　　　　　　日期：2022 年 1 月 31 日

品名	规格	单位	数量	单价	金额	备注	
钟罩式风帽毛坯		件	42 200			半成品	第二联
							财务联
合计							

经办人：　高某　　仓管员：　覃某

入库单

生产部门：热处理

品名	规格	单位	数量	单价	金额	备注
锅炉风帽毛坯		件	31 800			半成品
合 计						

第二联 财务联

经办人：　高某　　仓管员：　覃某

图 9-24　入库单

原 材 料

存货地点：原材料仓　　　　　　　　　　　　　　　　　　　　　　名称：NbTiB　单位：吨

2022年		凭证		摘　要	借　　方		贷　　方		借或贷	余　　额	
月	日	字	号		数量	单价 十亿千百十万千百十元角分	数量	单价 十亿千百十万千百十元角分		数量	单价 十亿千百十万千百十元角分
1				……					借	200	17 000.00 3 4 0 0 0 0 0 0
1	31	记	227	热处理车间1月领用原材料			140.00	17 000.00 2 3 8 0 0 0 0 0 0	借	60	17 000.00 1 0 2 0 0 0 0 0 0

图 9-25　原材料明细账（NbTiB）

原 材 料

存货地点：原材料仓　　　　　　　　　　　　　　　　　　　　　　名称：圆钢55-12　单位：吨

2022年		凭证		摘　要	借　　方		贷　　方		借或贷	余　　额	
月	日	字	号		数量	单价 十亿千百十万千百十元角分	数量	单价 十亿千百十万千百十元角分		数量	单价 十亿千百十万千百十元角分
1				……					借	350.00	3 000.00 1 6 5 0 0 0 0 0 0
1	31	记	227	热处理车间1月领用原材料			320.00	3 000.00 1 5 6 0 0 0 0 0 0	借	30.00	3 000.00 9 0 0 0 0 0 0

图 9-26　原材料明细账（圆钢 55-12）

核算完成的月末材料盘点表如表 9-10 所示。

表 9-10　月末材料盘点表

2022 年 1 月

品名	单位	数量	单价 /（元 / 吨）	金额 / 元
NbTiB	吨	10	17 000	170 000.00
圆钢 55-12	吨	40	3 000	120 000.00
合 计	吨			290 000.00

热处理车间生产成本计算表包括品名、产量、分配率、产量定额、分配总成本以及实际单位成本几个项目，各项目的填写依据如下。

产量：根据入库单的入库数量填列。

分配率：根据企业制定的固定分配率（定额分配率）填列。

产量定额：产量 × 分配率。

分配总成本：

直接材料（耗用材料），即原材料领用汇总表合计金额（5 780 000元）+辅料领用汇总表中热处理车间的金额（50 500元）−月末材料盘点表中的合计金额（290 000元）。

直接人工，即工资计提表及社会保险费用计提表中的热处理车间的金额合计（130 800元 +20 952.38元）。

制造费用，本实战中热处理车间的制造费用即固定资产折旧金额（25 729.17元）+ 燃料动力（130 973.45元）。

各毛坯的"直接材料"的分配金额，即用分配总成本中的"料"合计金额（5 540 500元）÷产量定额合计数（6 018 000元）× 对应毛坯的产量定额（954 000元），直接人工、制造费用的分配同理，如表9-11所示。

实际单位成本：分配总成本合计金额 ÷ 产量。

表9-11 热处理车间生产成本计算表
2022年1月

品名	产量	分配率	产量定额	分配总成本					实际单位成本
				直接材料	直接人工	燃料动力	制造费用	合计	
锅炉风帽毛坯	31 800	30.00	954 000.00	878 304.59	24 056.46	20 762.49	4 078.70	927 202.24	29.16
钟罩式风帽毛坯	42 200	120.00	5 064 000.00	4 662 195.41	127 695.92	110 210.96	21 650.47	4 921 752.76	116.63
合计	74 000	150.00	6 018 000.00	5 540 500.00	151 752.38	130 973.45	25 729.17	5 848 955.00	

以月末材料盘点表、入库单及热处理车间生产成本计算表作为原始凭证进行账务处理。

业务描述：

结转2022年1月热处理车间的生产成本（热处理车间完工毛坯入库）5 813 455元。

账务处理：

该业务应编制的会计分录为：

借：自制半成品——锅炉风帽毛坯　　　　　　　　921 574.62

　　自制半成品——钟罩式风帽毛坯　　　　　　4 891 880.38

　　　贷：生产成本——直接材料　　　　　　　　　5 505 000

　　　　　生产成本——直接人工　　　　　　　　　151 752.38

　　　　　生产成本——燃料动力　　　　　　　　　130 973.45

生产成本——制造费用　　　　　　　　　　　　　　　　25 729.17

该业务应编制的记账凭证如图 9-27 所示。

记 账 凭 证

2022 年 1 月 31 日　　　　　　　　　　　　　　　　　　　　　　　　第 234 号

摘要	会计科目		借方金额	贷方金额	记账 √
	总账科目	明细科目			
毛坯入库	自制半成品	锅炉风帽毛坯	921 574.62		
	自制半成品	钟罩式风帽毛坯	4 891 880.38		
	生产成本	直接材料（热处理）		5 505 000.00	
	生产成本	直接人工（热处理）		151 752.38	
	生产成本	燃料动力（热处理）		130 973.45	
	生产成本	制造费用（热处理）		25 729.17	
合计			￥5 813 455.00	￥5 813 455.00	

财务主管：　　　　记账：　　　　出纳：　　　　审核：　　　　制单：小白

图 9-27　记账凭证

登记的自制半成品明细账、生产成本明细账如图 9-28 所示。

图 9-28　自制半成品/生产成本明细账

【演练 9】领用毛坯

业务流程：

机加工车间领用毛坯，根据半成品仓提供的领料单（如图 9-29 所示）进行成本核算。

领料单 NO.202201031

领用部门：机加工 日期：2022 年 1 月 31 日

品名	规格	单位	数量	单价	金额	备注
锅炉风帽毛坯		件	31 600			
钟罩式风帽毛坯		件	41 500			
合计						

第二联 财务联

领料人： 张某 仓管员： 秦某

图 9-29 领料单

演练解读：

领料单中的单价需查找原材料明细账中对应材料的最后一笔余额单价。如图 9-30 所示。

自制半成品

存货地点：半成品仓 名称：锅炉风帽毛坯 单位：件

2022年		凭证		摘要	借方														贷方														借或贷	余额													
月	日	字	号		数量	单价	十	亿	千	百	十	万	千	百	十	元	角	分	数量	单价	十	亿	千	百	十	万	千	百	十	元	角	分		数量	单价	十	亿	千	百	十	万	千	百	十	元	角	分
1	31	记	234	毛坯入库	31800	28.98					9	2	1	5	7	4	6	2															借	31800	28.98					9	2	1	5	7	4	6	2

自制半成品

存货地点：半成品仓 名称：钟罩式风帽毛坯 单位：件

2022年		凭证		摘要	借方														贷方														借或贷	余额													
月	日	字	号		数量	单价	十	亿	千	百	十	万	千	百	十	元	角	分	数量	单价	十	亿	千	百	十	万	千	百	十	元	角	分		数量	单价	十	亿	千	百	十	万	千	百	十	元	角	分
1	31	记	234	毛坯入库	42200	115.92				4	8	9	1	8	8	0	3	8															借	42200	115.92				4	8	9	1	8	8	0	3	8

图 9-30 自制半成品明细账

填制完成的领料单如图 9-31 所示。

领料单 NO.202201031

领用部门：机加工 日期：2022 年 1 月 31 日

品名	规格	单位	数量	单价	金额	备注
锅炉风帽毛坯		件	31 600	28.98	915 768.00	
钟罩式风帽毛坯		件	41 500	115.92	4 810 680.00	
合计					5 726 448.00	

第二联 财务联

领料人： 张某 仓管员： 秦某

图 9-31 领料单

以领料单作为原始凭证进行账务处理。

业务描述：

2022 年 1 月，机加工车间领用毛坯 5 726 448 元。

账务处理：

该业务应编制的会计分录为：

借：生产成本——直接材料（机加工）　　　　　　5 726 448

　　贷：自制半成品——锅炉风帽毛坯　　　　　　915 768

　　　　自制半成品——钟罩式风帽毛坯　　　　4 810 680

该业务应编制的记账凭证如图 9-32 所示。

<h1 style="text-align:center">记 账 凭 证</h1>

2022 年 1 月 31 日　　　　　　　　　　　　　　　　　　　　　　　　　第 235 号

摘要	会计科目		借方金额	贷方金额	记账√
	总账科目	明细科目			
领用毛坯	生产成本	直接材料（机加工）	5 726 448.00		
	自制半成品	锅炉风帽毛坯		915 768.00	
	自制半成品	钟罩式风帽毛坯		4 810 680.00	
合计			￥5 726 448.00	￥5 726 448.00	

财务主管：　　　　记账：　　　　出纳：　　　　审核：　　　　制单：小白

图 9-32　记账凭证

登记的生产成本明细账及自制半成品明细账如图 9-33 所示。

图 9-33　生产成本/自制半成品明细账

【演练 10】机加工车间成本核算

业务流程：

机加工车间的成本核算可参照热处理车间的成本核算流程。假设本演练中原材料已耗完。

根据成品仓提供的入库单（如图 9-34 所示）计算分配机加工车间的成本，并编制机加工车间生产成本计算表。

入库单

NO.202201121

生产部门：机加工

日期：2022 年 1 月 31 日

品名	规格	单位	数量	单价	金额	备注	
锅炉风帽		件	31 600				第二联
钟罩式风帽		件	41 420				
							财务联
合计							

经办人：　高某　　仓管员：　覃某

图 9-34　入库单

演练解读：

机加工车间生产成本计算表的表内公式可参照热处理车间生产成本计算表。

表中的直接材料、直接人工、燃料动力可查找机加工车间生产成本明细账中相应数据，制造费用即结转至"生产成本——制造费用"的金额（不包括热处理车间的金额），如表 9-12 所示。

表 9-12　机加工车间生产成本计算表
2022 年 1 月

品名	产量	分配总成本					实际单位成本
		直接材料	直接人工	燃料动力	制造费用	合计	
锅炉风帽毛坯	31 600	924 855.92	50 998.23	80 424.08	61 291.23	1 117 569.46	35.37
钟罩式风帽毛坯	41 420	4 822 592.08	66 846.42	105 416.63	80 338.06	5 075 193.18	122.53
合计	73 020	5 747 448.00	117 844.65	185 840.71	141 629.28	6 192 762.64	

最后将表中的"实际单位成本"填入入库单中的"单价"中，并核算对应金额，如图 9-35 所示。

以入库单及机加工车间生产成本计算表作为原始凭证进行账务处理。

业务描述：

结转 2022 年 1 月机加工车间的生产成本（机加工车间完工毛坯入库）

6 192 762.64 元。

入库单   NO.202201121

生产部门：机加工   日期：2022年1月31日

品名	规格	单位	数量	单价	金额	备注
锅炉风帽		件	31 600	35.37	1 117 569.46	
钟罩式风帽		件	41 420	122.53	5 075 193.18	
合计					6 192 762.64	

第二联 财务联

经办人： 高某   仓管员： 覃某

图 9-35 入库单

账务处理：

该业务应编制的会计分录为：

借：库存商品——锅炉风帽   1 117 569.46

　　库存商品——钟罩式风帽   5 075 193.18

　　贷：生产成本——直接材料（机加工）   5 747 448

　　　　生产成本——直接人工（机加工）   117 844.65

　　　　生产成本——燃料动力（机加工）   185 840.71

　　　　生产成本——制造费用（机加工）   141 629.28

该业务应编制的记账凭证如图 9-36 所示。

记 账 凭 证

2022 年 1 月 31 日   第 236 号

摘要	会计科目		借方金额	贷方金额	记账 √
	总账科目	明细科目			
成品入库	库存商品	锅炉风帽	1 117 569.46		
	库存商品	钟罩式风帽	5 075 193.18		
	生产成本	直接材料（机加工）		5 747 448.00	
	生产成本	直接人工（机加工）		117 844.65	
	生产成本	燃料动力（机加工）		185 840.71	
	生产成本	制造费用（机加工）		141 629.28	
合计			￥6 192 762.64	￥6 192 762.64	

财务主管：   记账：   出纳：   审核：   制单：小白

图 9-36 记账凭证

登记的库存商品明细账、生产成本明细账如图 9-37 所示。

库存商品

存货地点：成品仓　　　　　　　　　　　　　　　　　　　　　　　　名称：锅炉风帽　单位：件

2022年		凭证		摘要	借　方			贷　方			借或贷	余　额		
月	日	字	号		数量	单价	十亿千百十万千百十元角分	数量	单价	十亿千百十万千百十元角分		数量	单价	十亿千百十万千百十元角分
1	31	记	236	成品入库	31600	35.37	1 1 1 7 5 6 9 4 6				借	31600	35.37	1 1 1 7 5 6 9 4 6

库存商品

存货地点：成品仓　　　　　　　　　　　　　　　　　　　　　　　　名称：钟罩式风帽　单位：件

2022年		凭证		摘要	借　方			贷　方			借或贷	余　额		
月	日	字	号		数量	单价	十亿千百十万千百十元角分	数量	单价	十亿千百十万千百十元角分		数量	单价	十亿千百十万千百十元角分
1	31	记	236	成品入库	41420	122.53	5 0 7 5 1 9 3 1 8				借	41420	122.53	5 0 7 5 1 9 3 1 8

生产成本

部门：机加工

2022年		凭证		摘要	合计	直接材料	直接人工	燃料动力	制造费用
月	日	字	号		十亿千百十万千百十元角分	十亿千百十万千百十元角分	十亿千百十万千百十元角分	十亿千百十万千百十元角分	十亿千百十万千百十元角分
1				……					
1	31	记	236	成品入库	6 1 9 2 7 6 2 6 4	5 7 4 7 4 4 8 0 0	1 1 7 8 4 4 6 5	1 8 5 8 4 0 7 1	1 4 1 6 2 9 2 8

图 9-37　库存商品 / 生产成本明细账

【演练 11】结转销售成本

业务流程：

根据成品仓提供的出库单（如图 9-38 所示）核算销售成本，并编制销售成本核算表。

出库单　　　　　　　　　　　　　　NO.202201011

领用部门：销售部　　　　　　　　　　　　　　日期：2022 年 1 月 31 日

品名	规格	单位	数量	单价	金额	备注	
锅炉风帽		件	30 000				第二联
							财务联
合计							

经办人：　曲某　　仓管员：　覃某

出库单　　　　　　　　　　　　　　NO.202201012

领用部门：销售部　　　　　　　　　　　　　　日期：2022 年 1 月 31 日

品名	规格	单位	数量	单价	金额	备注	
钟罩式风帽		件	40 000				第二联
							财务联
合计							

经办人：　曲某　　仓管员：　覃某

图 9-38　出库单

演练解读:

出库单中的单价需查找库存商品明细账中对应材料的最后一笔余额单价。如图9-39所示。

库存商品

存货地点:成品仓   名称:锅炉风帽 单位:件

2022年		凭证		摘要	借方											贷方											借或贷	余额										
月	日	字	号		数量	单价	十	亿	千	百	十	万	千	百	十	元	角	分	数量	单价	十	亿	千	百	十	万	千	百	十	元	角	分		数量	单价	十	亿	千	百	十	万	千	百	十	元	角	分
1	31	记	236	成品入库	31600	35.37					1	1	1	7	5	6	9	4	6															借	31600	35.37					1	1	1	7	5	6	9	4	6

库存商品

存货地点:成品仓   名称:钟罩式风帽 单位:件

2022年		凭证		摘要	借方											贷方											借或贷	余额										
月	日	字	号		数量	单价	十	亿	千	百	十	万	千	百	十	元	角	分	数量	单价														数量	单价	十	亿	千	百	十	万	千	百	十	元	角	分
1	31	记	236	成品入库	41420	122.53				5	0	7	5	1	9	3	1	8															借	41420	122.53				5	0	7	5	1	9	3	1	8

图9-39 库存商品明细账

编制的销售成本核算表如表9-13所示。

表9-13 销售成本核算表

品名	销售数量/件	成本单价	销售成本/元
锅炉风帽	30 000	35.37	1 061 100.00
钟罩式风帽	40 000	122.53	4 901 200.00
合计			5 962 300.00

以出库单及销售成本核算表作为原始凭证进行账务处理。

业务描述:

结转2022年1月销售成本5 962 300元。

账务处理:

该业务应编制的会计分录为:

借:主营业务成本　　　　　　　　　　　　　5 962 300

　　贷:库存商品——锅炉风帽　　　　　　　　1 061 100

　　　　库存商品——钟罩式风帽　　　　　　　4 901 200

该业务应编制的记账凭证如图9-40所示。

登记的库存商品明细账、主营业务成本明细账如图9-41所示。

记 账 凭 证

2022 年 1 月 31 日   第 237 号

摘要	会计科目		借方金额	贷方金额	记账 √
	总账科目	明细科目			
结转销售成本	主营业务成本		5 962 300.00		
	库存商品	锅炉风帽		1 061 100.00	
	库存商品	钟罩式风帽		4 901 200.00	
合计			￥5 962 300.00	￥5 962 300.00	

财务主管：   记账：   出纳：   审核：   制单：小白

图 9-40 记账凭证

库存商品

存货地点：成品仓   名称：锅炉风帽   单位：件

2022年		凭证		摘要	借方		金额	贷方		金额	借或贷	余额		金额
月	日	字	号		数量	单价		数量	单价			数量	单价	
1	31	记	236	成品入库	31600	35.37	1 117 569 46				借	31600	35.37	1 117 569 46
1	31	记	237	结转销售成本				30000	35.37	1 061 100 00	借	1600	35.29	56 469 46

库存商品

存货地点：成品仓   名称：钟罩式风帽   单位：件

2022年		凭证		摘要	借方		金额	贷方		金额	借或贷	余额		金额
月	日	字	号		数量	单价		数量	单价			数量	单价	
1	31	记	236	成品入库	41420	122.53	5 075 193 18				借	41420	122.53	5 075 193 18
1	31	记	237	结转销售成本				40000	122.53	4 901 200 00	借	1420	122.53	173 993 18

主 营 业 务 成 本

明细科目：锅炉风帽

2022年		凭证		摘要	借方	贷方	借或贷	余额	√
月	日	字	号		十亿千百十万千百十元角分	十亿千百十万千百十元角分		十亿千百十万千百十元角分	
1				……			平		
1	31	记	237	结转销售成本	1 061 100 00		借	1 061 100 00	

主 营 业 务 成 本

明细科目：钟罩式风帽

2022年		凭证		摘要	借方	贷方	借或贷	余额	√
月	日	字	号		十亿千百十万千百十元角分	十亿千百十万千百十元角分		十亿千百十万千百十元角分	
1				……			平		
1	31	记	237	结转销售成本	4 901 200 00		借	4 901 200 00	

图 9-41 库存商品 / 主营业务成本明细账

9.3 成本干货——全套成本表格（模板）

某小企业全套成本表格（模板）如表 9-14 至表 9-22 所示。

表 9-14 材料领用表

20 年 月材料耗用表

物料代码	物料名称	规格/型号	单位	单价	上期结存				本月领用		本期结存				本月实际耗用		所属订单
					原材料		上月拆成❶		原材料		原材料		本月拆成				
					数量	金额	数量	金额	数量	金额	数量	金额	数量	金额	数量	金额	
合计																	

制表人：　　　　　　　　　　　　　　　　复核：

表 9-15 产量表

20 年 月份产量表

产品代码	产品名称	款号	规格	订单数量	上期结存约当产量	本月成品入库	期末结存约当产量	本月生产量	备注

制表人：　　　　　　　　　　　　　　　　复核：

❶ 拆成：在产品不做的情况下，将已制作好的产品拆成原来的物料。

表 9-16 原材料分配表

20　　年　　月份原材料分配表

订单号	款号	成品名称	规格	单位	上期结存		本期领用		本期结存		本期实际耗用		实际产量	实际单位成本（A）	单位标准成本（B）	差异（C=A-B）	差异率/%
					数量	金额	数量	金额	数量	金额	数量	金额					
合计:																

制表人：　　　　　　　　　　　　　　　　　　　复核：

表 9-17 费用明细表

20　　年　　月份费用明细表

类别	科目名称	金额	备注
制造费用			
小计:			
管理费用			
小计:			
销售费用			
小计:			
财务费用			
小计:			
总计:			

制表人：　　　　　　　　　　　　　　　　　　　复核：

表 9-18　工资汇总表

20　　年　　月份工资汇总表

部门	月份	总金额			备注
		直接人工	管理人员工资	合计	
总计					

表 9-19　费用分配表

20　　年　　月份费用分配表

产品代码	产品名称	款号	规格	订单数量	上期结存约当产量	本月成品入库	期末结存约当产量	本月生产量	上期结存人工费用	上期结存制造费用	上期结存销售费用	上期结存管理费用	本月人工费用	本月制造费用	本月销售费用	本月管理费用	期末结存人工费用	期末结存制造费用	期末结存销售费用	期末结存管理费用	备注
合计:																					

制表人：　　　　　　　　　　　　　　　　复核：

表 9-20　总成本表

20　　年　　月份总成本费用表

产品代码	产品名称	款号	规格	订单数量	上期结存约当产量	本月成品入库	期末结存约当产量	本月生产量	单位成本							总金额
									原材料	直接人工	制造费用	销售费用	管理费用	财务费用	小计	
合计:																

制表人：　　　　　　　　　　　　　　　　复核：

表 9-21　产品销售分析表

20　年　月份产品销售分析表

序号	款号	产品名称	规格	本月销售			单位成本费用									单位净利额	净利率/%
				单价	数量	金额	原材料	毛利额	毛利率/%	人工成本	制造费用	销售费用	管理费用	财务费用	总成本费用		
合计：																	

制表人：　　　　　　　　　　　　　　　　　　　复核：

表 9-22　产品分析报告

成本分析报告
20　年　月份

数据分析	订单总数		生产总数		检验总数		本月产量		销售总数	
	实际生产量		返工数		次品数		废品数		退货数	
	差异率/%		返工率/%		次品率/%		废品率/%		退货率/%	
项目	问题点					原因				
产生问题的原因										
解决问题的办法及对策										
结论										

制表人：　　　　　　　　　　　　　　　　　　　复核：

附录
企业产品成本核算制度

▼

企业产品成本核算制度（试行）

第一章 总 则

第一条 为了加强企业产品成本核算工作，保证产品成本信息真实、完整，促进企业和经济社会的可持续发展，根据《中华人民共和国会计法》《企业会计准则》等国家有关规定制定本制度。

第二条 本制度适用于大中型企业，包括制造业、农业、批发零售业、建筑业、房地产业、采矿业、交通运输业、信息传输业、软件及信息技术服务业、文化业以及其他行业的企业。其他未明确规定的行业比照以上类似行业的规定执行。

本制度不适用于金融保险业的企业。

第三条 本制度所称的产品，是指企业日常生产经营活动中持有以备出售的产成品、商品、提供的劳务或服务。

本制度所称的产品成本，是指企业在生产产品过程中所发生的材料费用、职工薪酬等，以及不能直接计入而按一定标准分配计入的各种间接费用。

第四条 企业应当充分利用现代信息技术，编制、执行企业产品成本预算，对执行情况进行分析、考核，落实成本管理责任制，加强对产品生产事前、事中、事后的全过程控制，加强产品成本核算与管理各项基础工作。

第五条 企业应当根据所发生的有关费用能否归属于使产品达到目前场所和状态的原则，正确区分产品成本和期间费用。

第六条　企业应当根据产品生产过程的特点、生产经营组织的类型、产品种类的繁简和成本管理的要求，确定产品成本核算的对象、项目、范围，及时对有关费用进行归集、分配和结转。

企业产品成本核算采用的会计政策和估计一经确定，不得随意变更。

第七条　企业一般应当按月编制产品成本报表，全面反映企业生产成本、成本计划执行情况、产品成本及其变动情况等。

第二章　产品成本核算对象

第八条　企业应当根据生产经营特点和管理要求，确定成本核算对象，归集成本费用，计算产品的生产成本。

第九条　制造企业一般按照产品品种、批次订单或生产步骤等确定产品成本核算对象。

（一）大量大批单步骤生产产品或管理上不要求提供有关生产步骤成本信息的，一般按照产品品种确定成本核算对象。

（二）小批单件生产产品的，一般按照每批或每件产品确定成本核算对象。

（三）多步骤连续加工产品且管理上要求提供有关生产步骤成本信息的，一般按照每种（批）产品及各生产步骤确定成本核算对象。

产品规格繁多的，可以将产品结构、耗用原材料和工艺过程基本相同的产品，适当合并作为成本核算对象。

第十条　农业企业一般按照生物资产的品种、成长期、批别（群别、批次）、与农业生产相关的劳务作业等确定成本核算对象。

第十一条　批发零售企业一般按照商品的品种、批次、订单、类别等确定成本核算对象。

第十二条　建筑企业一般按照订立的单项合同确定成本核算对象。单项合同包括建造多项资产的，企业应当按照企业会计准则规定的合同分立原则，确定建造合同的成本核算对象。为建造一项或数项资产而签订一组合同的，按合同合并的原则，确定建造合同的成本核算对象。

第十三条　房地产企业一般按照开发项目、综合开发期数并兼顾产品类型等确定成本核算对象。

第十四条　采矿企业一般按照所采掘的产品确定成本核算对象。

第十五条　交通运输企业以运输工具从事货物、旅客运输的，一般按照航线、航次、单船（机）、基层站段等确定成本核算对象；从事货物等装卸业务的，可以按照货物、成本责任部门、作业场所等确定成本核算对象；从事仓储、堆存、港务管理业务的，一般按照码头、仓库、堆场、油罐、筒仓、货棚或主要货物的种类、成本责任部门等确定成本核算对象。

第十六条　信息传输企业一般按照基础电信业务、电信增值业务和其他信息传输业务等确定成本核算对象。

第十七条　软件及信息技术服务企业的科研设计与软件开发等人工成本比重较高的，一般按照科研课题、承接的单项合同项目、开发项目、技术服务客户等确定成本核算对象。合同项目规模较大、开发期较长的，可以分段确定成本核算对象。

第十八条　文化企业一般按照制作产品的种类、批次、印次、刊次等确定成本核算对象。

第十九条　除本制度已明确规定的以外，其他行业企业应当比照以上类似行业的企业确定产品成本核算对象。

第二十条　企业应当按照第八条至第十九条规定确定产品成本核算对象，进行产品成本核算。企业内部管理有相关要求的，还可以按照现代企业多维度、多层次的管理需要，确定多元化的产品成本核算对象。

多维度，是指以产品的最小生产步骤或作业为基础，按照企业有关部门的生产流程及其相应的成本管理要求，利用现代信息技术，组合出产品维度、工序维度、车间班组维度、生产设备维度、客户订单维度、变动成本维度和固定成本维度等不同的成本核算对象。

多层次，是指根据企业成本管理需要，划分为企业管理部门、工厂、车间和班组等成本管控层次。

第三章　产品成本核算项目和范围

第二十一条　企业应当根据生产经营特点和管理要求，按照成本的经济用途和生产要素内容相结合的原则或者成本性态等设置成本项目。

第二十二条　制造企业一般设置直接材料、燃料和动力、直接人工和制造费用等成本项目。

直接材料，是指构成产品实体的原材料以及有助于产品形成的主要材料和辅助材料。

燃料和动力，是指直接用于产品生产的燃料和动力。

直接人工，是指直接从事产品生产的工人的职工薪酬。

制造费用，是指企业为生产产品和提供劳务而发生的各项间接费用，包括企业生产部门（如生产车间）发生的水电费、固定资产折旧、无形资产摊销、管理人员的职工薪酬、劳动保护费、国家规定的有关环保费用、季节性和修理期间的停工损失等。

第二十三条　农业企业一般设置直接材料、直接人工、机械作业费、其他直接费用、间接费用等成本项目。

直接材料，是指种植业生产中耗用的自产或外购的种子、种苗、饲料、肥料、农药、燃料和动力、修理用材料和零件、原材料以及其他材料等；养殖业生产中直接用于养殖生产的苗种、饲料、肥料、燃料、动力、畜禽医药费等。

直接人工，是指直接从事农业生产人员的职工薪酬。

机械作业费，是指种植业生产过程中农用机械进行耕耙、播种、施肥、除草、喷药、收割、脱粒等机械作业所发生的费用。

其他直接费用，是指除直接材料、直接人工和机械作业费以外的畜力作业费等直接费用。

间接费用，是指应摊销、分配计入成本核算对象的运输费、灌溉费、固定资产折旧、租赁费、保养费等费用。

第二十四条　批发零售企业一般设置进货成本、相关税费、采购费等成本项目。

进货成本，是指商品的采购价款。

相关税费，是指购买商品发生的进口关税、资源税和不能抵扣的增值税等。

采购费，是指运杂费、装卸费、保险费、仓储费、整理费、合理损耗以及其他可归属于商品采购成本的费用。采购费金额较小的，可以在发生时直接计入当期销售费用。

第二十五条　建筑企业一般设置直接人工、直接材料、机械使用费、其他直接费用和间接费用等成本项目。建筑企业将部分工程分包的，还可以设置分包成本项目。

直接人工，是指按照国家规定支付给施工过程中直接从事建筑安装工程施工的工人以及在施工现场直接为工程制作构件和运料、配料等工人的职工薪酬。

直接材料，是指在施工过程中所耗用的、构成工程实体的材料、结构件、机械配件和有助于工程形成的其他材料以及周转材料的租赁费和摊销等。

机械使用费，是指施工过程中使用自有施工机械所发生的机械使用费，使用外单位施工机械的租赁费，以及按照规定支付的施工机械进出场费等。

其他直接费用，是指施工过程中发生的材料搬运费、材料装卸保管费、燃料动力费、临时设施摊销、生产工具用具使用费、检验试验费、工程定位复测费、工程点交费、场地清理费，以及能够单独区分和可靠计量的为订立建造承包合同而发生的差旅费、投标费等费用。

间接费用，是指企业各施工单位为组织和管理工程施工所发生的费用。

分包成本，是指按照国家规定开展分包，支付给分包单位的工程价款。

第二十六条　房地产企业一般设置土地征用及拆迁补偿费、前期工程费、建筑安装工程费、基础设施建设费、公共配套设施费、开发间接费、借款费用等成本项目。

土地征用及拆迁补偿费，是指为取得土地开发使用权（或开发权）而发生的各项费用，包括土地买价或出让金、大市政配套费、契税、耕地占用税、土地使用费、土地闲置费、农作物补偿费、危房补偿费、土地变更用途和超面积补交的地价及相关税费、拆迁补偿费用、安置及动迁费用、回迁房建造费用等。

前期工程费，是指项目开发前期发生的政府许可规费、招标代理费、临时设施费以及水文地质勘察、测绘、规划、设计、可行性研究、咨询论证费、筹建、场地通平等前期费用。

建筑安装工程费，是指开发项目开发过程中发生的各项主体建筑的建筑工程费、安装工程费及精装修费等。

基础设施建设费，是指开发项目在开发过程中发生的道路、供水、供电、供气、供暖、排污、排洪、消防、通讯、照明、有线电视、宽带网络、智能化等社区管网工程费和环境卫生、园林绿化等园林、景观环境工程费用等。

公共配套设施费，是指开发项目内发生的、独立的、非营利性的且产权属于全体业主的，或无偿赠与地方政府、政府公共事业单位的公共配套设施费用等。

开发间接费，指企业为直接组织和管理开发项目所发生的，且不能将其直接归属于成本核算对象的工程监理费、造价审核费、结算审核费、工程保险费等。为业主代扣代缴的公共维修基金等不得计入产品成本。

借款费用，是指符合资本化条件的借款费用。

房地产企业自行进行基础设施、建筑安装等工程建设的，可以比照建筑企业设置有关成本项目。

第二十七条　采矿企业一般设置直接材料、燃料和动力、直接人工、间接费用等成本项目。

直接材料，是指采掘生产过程中直接耗用的添加剂、催化剂、引发剂、助剂、触媒以及净化材料、包装物等。

燃料和动力，是指采掘生产过程中直接耗用的各种固体、液体、气体燃料，以及水、电、汽、风、氮气、氧气等动力。

直接人工，是指直接从事采矿生产人员的职工薪酬。

间接费用，是指为组织和管理厂（矿）采掘生产所发生的职工薪酬、劳动保护费、固定资产折旧、无形资产摊销、保险费、办公费、环保费用、化（检）验计量费、设计制图费、停工损失、洗车费、转输费、科研试验费、信息系统维护费等。

第二十八条 交通运输企业一般设置营运费用、运输工具固定费用与非营运期间的费用等成本项目。

营运费用，是指企业在货物或旅客运输、装卸、堆存过程中发生的营运费用，包括货物费、港口费、起降及停机费、中转费、过桥过路费、燃料和动力费、航次租船费、安全救生费、护航费、装卸整理费、堆存费等。铁路运输企业的营运费用还包括线路等相关设施的维护费等。

运输工具固定费用，是指运输工具的固定费用和共同费用等，包括检验检疫费、车船使用税、劳动保护费、固定资产折旧、租赁费、备件配件费、保险费、驾驶及相关操作人员薪酬及其伙食费等。

非营运期间费用，是指受不可抗力制约或行业惯例等原因暂停营运期间发生的有关费用等。

第二十九条 信息传输企业一般设置直接人工、固定资产折旧、无形资产摊销、低值易耗品摊销、业务费、电路及网元租赁费等成本项目。

直接人工，是指直接从事信息传输服务的人员的职工薪酬。

业务费，是指支付通信生产的各种业务费用，包括频率占用费，卫星测控费，安全保卫费，码号资源费，设备耗用的外购电力费，自有电源设备耗用的燃料和润料费等。

电路及网元租赁费，是指支付给其他信息传输企业的电路及网元等传输系统及设备的租赁费等。

第三十条 软件及信息技术服务企业一般设置直接人工、外购软件与服务费、场地租赁费、固定资产折旧、无形资产摊销、差旅费、培训费、转包成本、水电费、办公费等成本项目。

直接人工，是指直接从事软件及信息技术服务的人员的职工薪酬。

外购软件与服务费，是指企业为开发特定项目而必须从外部购进的辅助软件或服务所发生的费用。

场地租赁费，是指企业为开发软件或提供信息技术服务租赁场地支付的费用等。

转包成本，是指企业将有关项目部分分包给其他单位支付的费用。

第三十一条　文化企业一般设置开发成本和制作成本等成本项目。

开发成本，是指从选题策划开始到正式生产制作所经历的一系列过程，包括信息收集、策划、市场调研、选题论证、立项等阶段所发生的信息搜集费、调研交通费、通信费、组稿费、专题会议费、参与开发的职工薪酬等。

制作成本，是指产品内容制作成本和物质形态的制作成本，包括稿费、审稿费、校对费、录入费、编辑加工费、直接材料费、印刷费、固定资产折旧、参与制作的职工薪酬等。电影企业的制作成本，是指企业在影片制片、译制、洗印等生产过程所发生的各项费用，包括剧本费、演职员的薪酬、胶片及磁片磁带费、化妆费、道具费、布景费、场租费、剪接费、洗印费等。

第三十二条　除本制度已明确规定的以外，其他行业企业应当比照以上类似行业的企业确定成本项目。

第三十三条　企业应当按照第二十一条至第三十二条规定确定产品成本核算项目，进行产品成本核算。企业内部管理有相关要求的，还可以按照现代企业多维度、多层次的成本管理要求，利用现代信息技术对有关成本项目进行组合，输出有关成本信息。

第四章　产品成本归集、分配和结转

第三十四条　企业所发生的费用，能确定由某一成本核算对象负担的，应当按照所对应的产品成本项目类别，直接计入产品成本核算对象的生产成本；由几个成本核算对象共同负担的，应当选择合理的分配标准分配计入。

企业应当根据生产经营特点，以正常生产能力水平为基础，按照资源耗费方式确定合理的分配标准。

企业应当按照权责发生制的原则，根据产品的生产特点和管理要求结转成本。

第三十五条　制造企业发生的直接材料和直接人工，能够直接计入成本核算对象的，应当直接计入成本核算对象的生产成本，否则应当按照合理的分配标准分配计入。

制造企业外购燃料和动力的，应当根据实际耗用数量或者合理的分配标准对燃料和动力费用进行归集分配。生产部门直接用于生产的燃料和动力，直接计入生产成本；生产部门间接用于生产（如照明、取暖）的燃料和动力，计入制造费用。制造企业内部自行提供燃料和动力的，参照本条第三款进行处理。

制造企业辅助生产部门为生产部门提供劳务和产品而发生的费用，应当参照生产成本项目归集，并按照合理的分配标准分配计入各成本核算对象的生产成本。辅助生产部门之间互相提供的劳务、作业成本，应当采用合理的方法，进行交互分配。互相提供劳务、作业不多的，可以不进行交互分配，直接分配给辅助生产部门以外的受益单位。

第三十六条　制造企业发生的制造费用，应当按照合理的分配标准按月分配计入各成本核算对象的生产成本。企业可以采取的分配标准包括机器工时、人工工时、计划分配率等。

季节性生产企业在停工期间发生的制造费用，应当在开工期间进行合理分摊，连同开工期间发生的制造费用，一并计入产品的生产成本。

制造企业可以根据自身经营管理特点和条件，利用现代信息技术，采用作业成本法对不能直接归属于成本核算对象的成本进行归集和分配。

第三十七条　制造企业应当根据生产经营特点和联产品、副产品的工艺要求，选择系数分配法、实物量分配法、相对销售价格分配法等合理的方法分配联合生产成本。

第三十八条　制造企业发出的材料成本，可以根据实物流转方式、管理要求、实物性质等实际情况，采用先进先出法、加权平均法、个别计价法等方法计算。

第三十九条　制造企业应当根据产品的生产特点和管理要求，按成本计算期结转成本。制造企业可以选择原材料消耗量、约当产量法、定额比例法、原材料扣除法、完工百分比法等方法，恰当地确定完工产品和在产品的实际成本，并将完工入库产品的产品成本结转至库存产品科目；在产品数量、金额不重要或在产品期初期末数量变动不大的，可以不计算在产品成本。

制造企业产成品和在产品的成本核算，除季节性生产企业等以外，应当以月为成本计算期。

第四十条　农业企业应当比照制造企业对产品成本进行归集、分配和结转。

第四十一条　批发零售企业发生的进货成本、相关税金直接计入成本核算对象成本；发生的采购费，可以结合经营管理特点，按照合理的方法分配计入成本核算对象成本。采购费金额较小的，可以在发生时直接计入当期销售费用。

批发零售企业可以根据实物流转方式、管理要求、实物性质等实际情况，采用先进先出法、加权平均法、个别计价法、毛利率法等方法结转产品成本。

第四十二条　建筑企业发生的有关费用，由某一成本核算对象负担的，应当直接计入成本核算对象成本；由几个成本核算对象共同负担的，应当选择直接费用比例、定额比例和职工薪酬比例等合理的分配标准，分配计入成本核算对象成本。

建筑企业应当按照《企业会计准则第 15 号——建造合同》的规定结转产品成本。合同结果能够可靠估计的，应当采用完工百分比法确定和结转当期提供服务的成本；合同结果不能可靠估计的，应当直接结转已经发生的成本。

第四十三条　房地产企业发生的有关费用，由某一成本核算对象负担的，应当直接计入成本核算对象成本；由几个成本核算对象共同负担的，应当选择占地面积比例、预算造价比例、建筑面积比例等合理的分配标准，分配计入成本核算对象成本。

第四十四条　采矿企业应当比照制造企业对产品成本进行归集、分配和结转。

第四十五条　交通运输企业发生的营运费用，应当按照成本核算对象归集。

交通运输企业发生的运输工具固定费用，能确定由某一成本核算对象负担的，应当直接计入成本核算对象的成本；由多个成本核算对象共同负担的，应当选择营运时间等符合经营特点的、科学合理的分配标准分配计入各成本核算对象的成本。

交通运输企业发生的非营运期间费用，比照制造业季节性生产企业处理。

第四十六条　信息传输、软件及信息技术服务等企业，可以根据经营特点和条件，利用现代信息技术，采用作业成本法等对产品成本进行归集和分配。

第四十七条　文化企业发生的有关成本项目费用，由某一成本核算对象负担的，应当直接计入成本核算对象成本；由几个成本核算对象共同负担的，应当选择人员比例、工时比例、材料耗用比例等合理的分配标准分配计入成本核算对象成本。

第四十八条　企业不得以计划成本、标准成本、定额成本等代替实际成本。企业采用计划成本、标准成本、定额成本等类似成本进行直接材料日常核算的，期末应当将耗用直接材料的计划成本或定额成本等类似成本调整为实际成本。

第四十九条　除本制度已明确规定的以外，其他行业企业应当比照以上类似行业的企业对产品成本进行归集、分配和结转。

第五十条　企业应当按照第三十四条至第四十九条规定对产品成本进行归集、分配和结转。企业内部管理有相关要求的，还可以利用现代信息技术，在确定多维度、多层次成本核算对象的基础上，对有关费用进行归集、分配和结转。

第五章　附　则

第五十一条　小企业参照执行本制度。

第五十二条　本制度自 2014 年 1 月 1 日起施行。

第五十三条　执行本制度的企业不再执行《国营工业企业成本核算办法》。

参考文献

[1] 财政部会计司 .《企业产品成本核算制度》讲解 . 北京：中国财政经济出版社，2014.

[2] 中华会计网校 . 企业产品成本核算与管理：企业产品成本核算制度讲解与应用 . 北京：经济科学出版社，2014.

[3] 小企业会计准则编审委员会 . 小企业会计准则讲解（2022 年版）. 上海：立信会计出版社，2022.

[4] 中国注册会计师协会 . 财务成本管理 . 北京：中国财政经济出版社，2022.